DEUTSCH

Rechtschreibung 5. und 6. Klasse
ISBN 3-411-05683-5

Rechtschreibung 7. und 8. Klasse
ISBN 3-411-05692-4

Grammatik 5. und 6. Klasse
ISBN 3-411-71372-0

Grammatik 7. und 8. Klasse
ISBN 3-411-71382-8

Diktattrainer 5. Klasse
Mit Audio-CD zum Üben
ISBN 3-411-71012-8

Diktattrainer 6. Klasse
Mit Audio-CD zum Üben
ISBN 3-411-71022-5

Diktattrainer 7. Klasse
Mit Audio-CD zum Üben
ISBN 3-411-71032-2

Diktattrainer 8. Klasse
Mit Audio-CD zum Üben
ISBN 3-411-71042-X

Aufsatz/Erzählen
5. bis 7. Klasse
ISBN 3-411-05823-4

Aufsatz/Bericht
5. bis 8. Klasse
ISBN 3-411-05732-7

Aufsatz/Inhaltsangabe
7. bis 9. Klasse
ISBN 3-411-05801-3

Aufsatz/Beschreibung
7. bis 10. Klasse
ISBN 3-411-05761-0

Aufsatz/Erörterung
7. bis 10. Klasse
ISBN 3-411-05742-4

ENGLISCH

Englisch 5. Klasse
ISBN 3-411-71282-1

Englisch 6. Klasse
ISBN 3-411-71292-9

Englisch 7. Klasse
ISBN 3-411-71302-X

Englisch 8. Klasse
ISBN 3-411-71311-9

Englisch 9. Klasse
ISBN 3-411-71321-6

Englisch 10. Klasse
ISBN 3-411-71331-3

FRANZÖSISCH

Französisch 7. Klasse
ISBN 3-411-70241-9

Französisch 8. Klasse
ISBN 3-411-70251-6

Französisch 9. und 10. Klasse
ISBN 3-411-70261-3

[redacted]

Duden Schülerhilfen

Aufsatz/Bericht
Berichte entwerfen und verfassen

von Manfred Burbiel und Rudolf Stoll

mit Illustrationen von Detlef Surrey

2., aktualisierte Auflage

5. bis 8. Klasse

Dudenverlag
Mannheim · Leipzig · Wien · Zürich

Bibliografische Information der Deutschen Bibliothek
Die Deutsche Bibliothek verzeichnet diese
Publikation in der Deutschen Nationalbibliografie;
detaillierte bibliografische Daten sind im Internet
über http://dnb.ddb.de abrufbar.

Redaktion: Martin Bergmann, Ulrike Lutz
Herstellung: Inge Ohrnberger
Satz: gag – grafische ateliergemeinschaft, Mannheim
Umschlagkonzept: Bender & Büwendt, Berlin
Druck und Bindung: Appl, Wemding
Printed in Germany
ISBN 3-411-05732-7

Liebe Schülerin, lieber Schüler,

sei es beim Umgang mit Behörden, bei der Darlegung eines Versicherungsfalles oder beim Zeitunglesen: Texte in Form eines Berichts begegnen uns in fast allen Bereichen des täglichen Lebens. Kein Wunder! Vermittelt doch der Bericht Informationen sachlich, klar und korrekt und stellt so eine wichtige Orientierungshilfe in unserer schnelllebigen Zeit dar.

Diese Duden-Schülerhilfe erklärt, wie sich ein Bericht von anderen Textarten unterscheidet und worauf es beim Schreiben eines Berichts ankommt – Kenntnisse, die dir nicht nur beim Aufsatzschreiben helfen werden. Spannende und unterhaltsame Texte erklären die Spielregeln des korrekten Berichtschreibens, sodass du auch für die späteren Anforderungen im Beruf gewappnet sein wirst. Für vergnügliches Arbeiten sorgen auch viele Zeichnungen, die das zu Lernende witzig-ironisch auf den Punkt bringen.

Um die Orientierung zu erleichtern sind kleine Hilfen eingebaut worden. Besonders gekennzeichnet sind so

Merksätze, →

Regeln, →

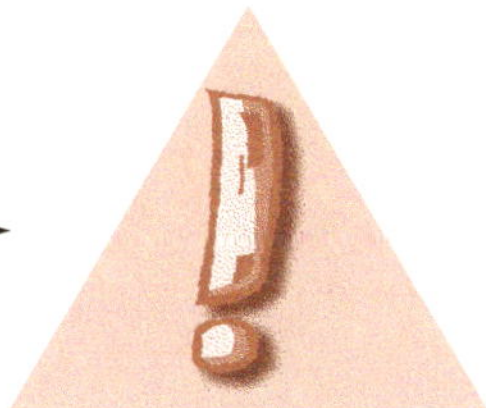

Beispiele, →

Aufgaben, →

Vorwort

Hilfen und Lösungshinweise, →

Wortfelder / Wortschatz →

sowie die **Lösungen.** →

Viel Spaß beim Üben und Lernen wünscht dir das Team der Duden-Schülerhilfen „Bericht".

Autoren und Redaktion
Mannheim, im Januar 2002

Inhaltsverzeichnis

Kapitel 1

Der Bericht im Überblick

1 Der Bericht im Überblick

1.1 Was ist ein Bericht?

Willst du einmal mitverfolgen, wie ein Zeitungsbericht entsteht? Dann stelle dir die folgende Situation vor:

Eine Zeitung in Coburg erfährt am späten Nachmittag des 6. Januar dieses Jahres, dass jemand beinahe in der Itz ertrunken wäre, aber durch einen jungen Mann gerettet wurde. Ein Reporter wird losgeschickt um die näheren Umstände herauszufinden. Es gelingt ihm, den 27-jährigen Klaus H. ausfindig zu machen, und er bittet ihn sein Erlebnis auf Tonband zu sprechen.

Klaus H.: „Eigentlich gibts da gar nicht so viel zu erzählen. Wissens', ich fahr doch den ganzen Tag mit meinem Transporter in dem dichten Verkehr hier rum – ich arbeite nämlich für einen privaten Paketdienst – und da suche ich mir wenigstens für die Mittagspause eine ruhige Stelle. Heute Mittag – es wird so nach 1 Uhr gewesen sein – bin ich wieder mal zu dem kleinen Parkplatz an der Itz gefahren, Sie wissen schon, der wo da ganz am Stadtrand liegt – da ists ruhig und die Luft ist auch besser als in der Stadt.

Ich wollte grad meine Brotzeit auspacken, da hör ich plötzlich jemanden um Hilfe schreien. Wie ich jetzt zum Wagenfenster rausschaue, seh ich einen Jungen, der am Flussufer steht und wie verrückt mit den Armen rumfuchtelt. Erst hab ich gedacht, dass da ein paar Kinder spielen oder sonst so 'nen Blödsinn machen, denen fällt ja immer irgendein Unsinn ein. Aber dann habe ich mitten im Fluss – der ist ja noch zum

Teil zugefroren, aber es gibt schon viele offene Stellen – also da hab ich was Dunkles zappeln gesehen. Ich schau genauer hin – da seh ich, dass da jemand eingebrochen sein muss. Wenn da nicht gleich einer hilft, hab ich mir gedacht, dann wird der abgetrieben und dann wird er von der Strömung unter das Eis gedrückt – weiter drunten ist nämlich der Fluss noch ganz zugefroren – und dann …

Also da hab ich nicht lang weiterüberlegt, sondern bin gleich zum Ufer gerannt, fast hätts mich auf dem glatten Boden noch hingehaun, hab mir noch schnell meinen Arbeitskittel ausgezogen und bin ins Wasser gesprungen – nicht gleich vom Ufer aus, ein paar Schritte konnte man ja noch auf dem Eis am Rande gehen. Oh mei, war das Wasser saukalt! Das hab ich aber erst später so richtig gespürt. Ich hab nur immer geschrien: „Halt aus! Ich komm gleich.“ Nach vier, fünf Zügen war ich bei der Stelle und sah, dass es ein kleines Mädchen war. Das hab ich nicht gleich sehen können, weil sich ihr Mantel so durch eine Luftblase aufgebläht hatte – das war ja auch ihr Glück, denn so wurde sie über Wasser gehalten. Dann hab ich das Kind gepackt – gut, dass ich als Bub mal einen Rettungsschwimmerkurs mitgemacht hab – und bin mit ihr ans Ufer zurückgeschwommen. War gar nicht so leicht mit den nassen Kleidern und der Strömung und so – aber das Kind hat sich kaum noch gerührt, das hats etwas leichter gemacht. Der Bub, ihr Bruder, wie ich später erfahren habe, hat mir dann ans Ufer geholfen. Wir sind dann mit meinem Wagen zu den Kindern nach Hause gefahren – das Mädchen hat gar nichts gesagt, nur mit den Zähnen geschnattert, ganz blau wars im Gesicht. Und dann der Schreck der Mutter, als wir plötzlich vor der Wohnungstür standen! Ganz weiß ist sie im Gesicht geworden! Sie hat sofort den Notarzt angerufen. Der kam schon nach ein paar Minuten – so richtig mit Tatü Tata und Blaulicht – und hat eine Unterkühlung festgestellt und das Kind gleich ins Krankenhaus mitgenommen. „In ein paar Tagen ist sie wieder auf den Beinen“, hat er noch die Mutter beruhigt. Die ist natürlich mit ihrem Kind mitgefahren, aber vorher hat sie mir noch ein paar Anziehsachen von ihrem Mann gegeben, zum Wechseln, mir war ja inzwischen auch ganz schön kalt geworden. Und bedankt hat sie sich bei mir natürlich auch, sogar geweint hat sie dabei. Na und dann hat mir der Bub den Haarföhn von seiner Mutter gebracht und ich habe mich umgezogen und meine Sachen getrocknet. Dabei habe ich dann erfahren, dass das Mädchen, Inge heißt sie, sechs Jahre alt ist und ihr Bruder ist elf. Der

Junge hat mir dann erzählt, dass sie eigentlich nur ein bisschen am Fluss entlang spazieren gehen wollten, aber seine Schwester wollte halt unbedingt auf dem Eisrand am Fluss schlittern. Er hat sie gewarnt und sogar festgehalten, sie hat sich aber losgerissen und ist aufs Eis gesprungen. Dabei ist sie hingefallen und ins Wasser gerutscht. Dabei kann sie noch gar nicht richtig schwimmen! Aber sie hat so wild um sich geschlagen, dass sie an der Oberfläche blieb. Und dann hat ihr natürlich die Luftblase unter ihrem Mantel geholfen. Man darf gar nicht daran denken, was passiert wäre, wenn sie unter die Eisdecke gedrückt worden wäre …! Na ja, kleine Kinder haben wirklich einen Schutzengel. Als meine Kleider trocken waren, hab ich wieder mit meiner Arbeit weitergemacht. Ich hoff nur, dass sich keiner von den Kunden beschwert, weil doch heute einige Pakete ziemlich spät gekommen sind. Sonst gibts noch Ärger mit dem Chef … "

Der Reporter freut sich natürlich, dass der junge Mann so gesprächig war. Aber er weiß auch, dass dieser Text **so** in der Zeitung nicht abgedruckt werden kann.

1. Die Geschichte des Mannes enthält sehr viele **Einzelheiten, die mit dem Hauptereignis nur wenig zu tun haben,** und es kommt auch zu **unnötigen Wiederholungen.** Streiche die Stellen aus, die du in einem Zeitungsbericht weglassen würdest.

2. Achte auf die **Reihenfolge,** in der die Geschichte erzählt wird. Streiche am Rand Stellen an, wo du mit der Anordnung der Informationen nicht einverstanden bist.

3. Sammle einige Beispiele dafür, dass dies ein **mündlich** erzählter und nicht ein **schriftlich** formulierter Text ist.

Nachdem der Reporter sein „Material" inhaltlich ausgewertet, geordnet und sprachlich neu formuliert hat, erscheint am nächsten Tag der folgende **Bericht** in der Zeitung:

Sechsjährige vor dem Ertrinken gerettet

Gestern am frühen Nachmittag rettete in Coburg der Fahrer eines privaten Paketdienstes ein sechsjähriges Mädchen vor dem Ertrinken.
Das Mädchen war mit seinem elfjährigen Bruder am Ufer der Itz spazieren gegangen. Trotz der Warnung ihres Bruders sprang die Sechsjährige auf den Eisrand des an dieser Stelle nur teilweise zugefrorenen Flusses. Sie

rutschte dabei aus und fiel in das eiskalte Wasser. Eine Luftblase in ihrem Mantel verhinderte das Absinken des Kindes, das verzweifelt um sein Leben kämpfte.
Als der 27-jährige Kraftfahrer Klaus H., der auf einem in der Nähe befindlichen Parkplatz Mittagspause machte, das Unglück bemerkte, sprang er ohne zu zögern in den Fluss. Es gelang ihm, das Mädchen wohlbehalten ans Ufer zu holen, bevor es von der Strömung unter die geschlossene Eisdecke gedrückt wurde. Anschließend brachte er die beiden Kinder mit seinem Fahrzeug in die elterliche Wohnung.
Der von der Mutter herbeigerufene Notarzt stellte eine Unterkühlung des Mädchens fest und ließ es in ein Krankenhaus bringen. Nach Auskunft des Arztes wird es die Folgen dieses Unfalls bald überstanden haben. Der Retter selbst nahm, nachdem er seine Kleidung in der Wohnung der Familie getrocknet hatte, wieder seine Arbeit auf.

Ein Bericht ist keine Erzählung!

Ein Bericht ***informiert genau, klar und sachlich*** *über einen Vorfall oder ein Ereignis.*

Der ***Informationsgehalt*** *ist wichtiger als der Unterhaltungswert.*

1.2 Was steht in einem Bericht?

Obwohl der Zeitungsartikel sehr viel kürzer ist als die Tonbandaufzeichnung, vermissen wir keine Einzelheiten, die wir zum Verständnis dieses Ereignisses brauchen. Um ein vollständiges **Grundgerüst von Informationen** zu erhalten, benutzen Reporter **die 7 Berichtfragen:**

1 Der Bericht im Überblick

1. ***Wer** war an dem Vorfall beteiligt?*
   → wichtige Angaben zu den Personen

2. ***Wann** ereignete sich der Vorfall?*
   → Zeitpunkt / Zeitdauer

3. ***Wo** ereignete sich der Vorfall?*
   → Tatort

4. ***Was** ist geschehen?*
   → das Hauptereignis

5. ***Wie** hat sich der Vorfall abgespielt?*
   → Ablauf des Geschehens in seinen Einzelheiten

6. ***Wie/Warum** kam es dazu?*
   → Vorgeschichte / Hintergründe
   → Ursachen, Motive / Gründe der Personen

7. ***Welche Folgen** hatte der Vorfall?*

Tipp

Präge dir diese Fragen gut ein und benutze sie immer,
wenn es darum geht,

- für einen Bericht **Informationen zu sammeln,**
- die für einen Bericht wichtigen **Informationen auszuwählen,**
- einen Bericht **auf Vollständigkeit zu überprüfen.**

2

1. Suche im „Tonbandtext“ die Stellen, in denen du Antworten auf diese Berichtfragen findest. Schreibe die Nummer der jeweiligen Frage an den Rand.
2. Vergleiche einige dieser Stellen mit den entsprechenden Sätzen im Zeitungsbericht. Achte besonders darauf, wie der Reporter viele Einzelheiten **zusammengefasst** hat.
3. Manchmal, z. B. im 2. Absatz, erzählt der Mann, was er gedacht oder was er gefühlt hat.
   Wo finden sich die entsprechenden Stellen im Bericht?
   Welche Meinung hat der Reporter zu dem Vorfall?

Der Bericht ist eine ***sachliche*** *Textart. Die Gedanken, Gefühle und persönlichen Meinungen der Beteiligten oder des Verfassers werden nicht mitgeteilt.*

Welche Informationen man in einen Bericht aufnimmt, hängt auch vom jeweiligen **Zweck** und der **Schreibsituation** ab.
Deshalb bei Schulaufsätzen genau die **Aufgabenstellung beachten:**

- Für wen sollst du schreiben?
- Welche Kenntnisse kannst du bei deinen Lesern voraussetzen?
- Woran könnten deine Leser besonders interessiert sein?
- Wo und wann soll dein Artikel erscheinen?
- Wird eine bestimmte Länge vorgegeben?

1.3 Wie ist ein Bericht aufgebaut?

1. Schreibe jetzt die Nummern der Berichtfragen neben den Zeitungsartikel.
   Was stellst du fest, wenn du die Reihenfolge der Nummern in den beiden Texten vergleichst?
2. Welche der Berichtfragen werden **in den einzelnen Absätzen** des Zeitungsberichts beantwortet?

Im Unterschied zu der mündlich erzählten Geschichte wirkt der Zeitungsartikel übersichtlich aufgebaut und geordnet,

- weil das Geschehen **„chronologisch"** dargestellt wird, d.h. das ganze Ereignis wird von Anfang bis Ende so berichtet, wie es sich tatsächlich abgespielt hat. Bei Berichten, wie sie in der Schule verlangt werden, ist dies die **übliche Reihenfolge;**

- weil eine **klare Gliederung** in Einleitung (1. Absatz), Hauptteil (2. und 3. Absatz) und Schluss eingehalten wird.
  Die **Gliederung,** an die du dich fast immer halten kannst, sieht so aus:

- *In der **Einleitung** wird ein knapper **Gesamtüberblick** über das Ereignis gegeben.*
  *Hier werden die Berichtfragen nach dem **Wer? / Was? / Wann? / Wo?** kurz beantwortet.*

- *Im **Hauptteil** wird der **Verlauf des Ereignisses,** das **Wie?,** chronologisch und in seinen wichtigen Einzelheiten berichtet.*

- *Im **Schluss** werden soweit bekannt die **Folgen** erwähnt.*
  Hier kann man auch auf die Hintergründe des Ereignisses eingehen.

Tipp

Nicht gleich mit dem Schreiben anfangen, sondern

- das ganze Geschehen im Kopf wie einen Film ablaufen lassen
- die wichtigsten Einzelheiten in Stichpunkten untereinander notieren
- diese Stichpunktsammlung durch Pfeile oder Nummern in die richtige chronologische Reihenfolge bringen.

1.4 Wie wird ein Bericht sprachlich gestaltet?

Die **Berichtsprache** unterscheidet sich ganz erheblich von der Sprache, wie sie z.B. in mündlichen oder schriftlichen Erzählungen verwendet wird.

4 Unterstreiche die Adjektive, die deiner Meinung nach am genauesten auf die **Sprache des Zeitungsberichts** zutreffen.

fesselnd – klar – knapp – stimmungsvoll – unpersönlich – farbig – genau – anschaulich – sachlich – lebendig – breit ausmalend – nüchtern – gefühlvoll – straff – abwechslungsreich – umgangssprachlich – dramatisch

1 Der Bericht im Überblick

- *Berichte werden in einer sachlich-nüchternen, unpersönlichen, klaren und genauen Sprache geschrieben.*
- *Die besonderen Ausdrucksmittel der Erzählsprache, wie z. B. farbige Vergleiche, Ausrufe, wörtliche Reden oder die eindringliche Wiedergabe von Gefühlen und Sinneseindrücken, muss unbedingt vermieden werden.*

Tipp

Lies in nächster Zeit viele Zeitungsberichte um die besondere Sprache des Berichts kennen zu lernen.

Im Unterschied zu manchen Zeitungsberichten gelten bei **Schulaufsätzen** die folgenden **Regeln für den Zeitengebrauch:**

- *Berichte werden im **Präteritum** geschrieben.*
- *Das **Plusquamperfekt** muss benutzt werden um auszudrücken, dass etwas **vor** dem gerade beschriebenen Vorgang stattgefunden hat. Dies ist besonders beim **Übergang von der Einleitung zum Hauptteil** erforderlich.*
- *Das **Präsens** und das **Futur** wird nur im Schluss verwendet, wenn über den gegenwärtigen Stand der Dinge oder über die möglichen Folgen berichtet wird.*

1.5 Lösungen

1. Überflüssige Einzelheiten, z. B. Beschreibung des Parkplatzes; Trocknen der Kleider mit dem Haarföhn …
unnötige Wiederholungen: z. B. die Sache mit dem Mantel
2. Der Text ist z. T. ungeordnet, die zeitliche Reihenfolge wird nicht eingehalten. Der Mann erzählt z. B., dass die Mutter ins Krankenhaus gefahren ist, und dann erst, dass sie ihm **vorher** Anziehsachen gegeben und sich bei ihm bedankt hat. Auch erfährt man das, was vor der eigentlichen Rettung geschehen ist, erst fast am Schluss.
Wenn man **mündlich** erzählt, kann es natürlich vorkommen, dass man sich erst später an etwas Wichtiges erinnert. Wenn man einen Bericht **schreibt,** darf das nicht passieren. Deshalb ist es wichtig, sich vor dem Schreiben alle wichtigen Informationen zu notieren und zu ordnen.
3. Der Mann benutzt eine dialektgefärbte Umgangssprache, die man in einem Zeitungsbericht vermeiden würde („rumfuchteln", „saukalt", …). Häufig werden die Zeiten (Tempora) ohne Grund gewechselt, Vergangenes wird meist im Perfekt, manchmal sogar im Präsens erzählt. Der Satzbau ist manchmal nicht ganz richtig bzw. unvollständig oder recht umständlich.

2
2. Z.B. wird der ganze 2. Absatz des Tonbandtextes auf einen einzigen Satz verkürzt: Als der 27-jährige Kraftfahrer Klaus H., der auf einem in der Nähe befindlichen Parkplatz Mittagspause machte, das Unglück bemerkte ...
3. Die Gedanken und Gefühle des Mannes werden weggelassen und der Leser erfährt auch nicht die Meinung des Reporters über diesen Vorfall.

3
Der Mann hat das Geschehen in der Reihenfolge erzählt, wie er es gerade erlebt hat und wie es ihm jetzt gerade einfiel. So wirkt seine Geschichte, wie wir schon festgestellt haben, manchmal etwas ungeordnet und unzusammenhängend. Der Reporter hat dagegen das Geschehen **geordnet** berichtet, d. h. er hat das, was zusammengehört, auch zusammen berichtet, und er hat auch den zeitlichen Ablauf klar gegliedert.

4
Unterstrichen müssten sein:
klar – knapp – unpersönlich – genau – sachlich – nüchtern – straff

Kapitel 2

Die Einleitung

2 Die Einleitung

Jeder Sportler weiß, dass man eine schwierige Turnübung, z. B. am Reck, nur dann wirklich meistern kann, wenn man vorher die einzelnen Teile getrennt trainiert und sie anschließend wieder zu der Gesamtübung zusammenfügt.
Ähnlich sollst du auch in den folgenden Kapiteln vorgehen. Du findest hier eine große Anzahl von Einzelübungen, die alle dazu beitragen, dass du das Schreiben von Berichten immer besser beherrschst.

*Die Einleitung informiert sehr **knapp, aber genau** darüber, **Was Wann Wo** stattgefunden hat und **Wer** daran beteiligt war.*

2.1 Inhalt und Aufbau der Einleitung

5

1. Warum passt die folgende Einleitung nicht zu einem Bericht? Wie könnte der Anfang zu dem **Bericht** über diesen Vorfall aussehen?
2. Ergänze die fehlenden Angaben und schreibe etwa 1–2 Sätze in der Ichform.

Warum nur konnte ich heute nicht einschlafen? Schon vor einer halben Stunde hatte ich meine Nachttischlampe ausgeschaltet, aber immer noch wälzte ich mich unruhig in meinem Bett hin und her. Hatte ich beim

Fernsehen zu viel Cola getrunken? War der Krimi zu aufregend gewesen? Oder lag es vielleicht daran, dass meine Eltern ins Theater gegangen waren und ich mich jetzt ganz alleine im Hause befand? Aber ich war doch kein Feigling! Gerade wollte ich mir die Decke über den Kopf ziehen, als ich plötzlich unten auf der Terrasse ein Klirren hörte. Hatte die Katze einen Blumentopf umgeworfen? Mein Herz begann heftiger zu schlagen ...

Die **Einleitung** zu einem Bericht soll in 1–2 Sätzen eine **Vorschau auf das Hauptereignis** geben. Damit das gelingt, muss das „Wichtigste“, der **Ereigniskern,** in sehr gedrängter und allgemeiner Form zusammengefasst werden.

Lies den folgenden Bericht, bei dem noch die Überschrift und die Einleitung fehlen.

Ein Frankfurter Sportflieger war gestern Mittag mit einer zweisitzigen Maschine auf dem Flug nach Stuttgart, als er in ein schweres Sommergewitter geriet. Er wollte ausweichen, verlor die Orientierung und stellte schließlich nach einem $1\frac{1}{2}$-stündigen „Blindflug“ fest, dass er infolge Benzinmangels notlanden musste. Durch auffällige Flugmanöver gelang es ihm über der Autobahn zwischen Heidelberg und Karlsruhe, eine Flensburger Familie in ihrem Personenkraftwagen auf sich aufmerksam zu machen. Die Familie, die sich auf einer Ferienreise in den Schwarzwald befand, erkannte die Notsituation des Piloten. Obwohl auf der Autobahn dichter Verkehr herrschte, konnte der Fahrer die nachfolgenden Fahrzeuge aufhalten, sodass eine Landebahn entstand. Der Sportpilot konnte nun seine Maschine sicher auf der Autobahn aufsetzen.

2 Die Einleitung

Um nun den „Ereigniskern“ zu erfassen wird das Ausgangsmaterial, in unserem Fall der schon fertige Bericht, mit den **Wer** – **Was** – **Wann** – **Wo** – Fragen untersucht:

Wer war beteiligt?	Pilot eines Sportflugzeugs, Autofahrer
Was ist geschehen?	Landung eines Flugzeugs auf Autobahn; Verhinderung eines Unglücks
Wann ereignete sich der Vorfall?	gestern Mittag
Wo spielte sich der Vorfall ab?	Autobahn zwischen Heidelberg und Karlsruhe

Die Überschrift und die Einleitung zu dem obigen Zeitungsbericht kann dann so aussehen:

Notlandung auf der Autobahn

Nur durch das geistesgegenwärtige Verhalten eines Autofahrers konnte gestern auf der stark befahrenen Autobahn zwischen Heidelberg und Karlsruhe eine Flugzeugkatastrophe verhindert werden ...

Versuche nun, zu den folgenden Berichten eine aussagekräftige Überschrift und eine knappe Einleitung (möglichst in nur einem Satz!) zu formulieren.
Gehe dabei so wie in dem vorangegangenen Beispiel vor.

6

1. Dollberg: ...
   Der zwölfjährige Karl F. hatte es gestern wohl besonders eilig gehabt, von der Schule nach Hause zu kommen. Gegen 13.20 Uhr raste er mit seinem Fahrrad die abschüssige Waltherstraße hinunter. Als er in einer Kurve leicht abbremsen wollte, blockierte das Vorderrad. Der Junge geriet ins Schleudern und prallte dann frontal gegen einen Baum, wo er benommen liegen blieb.
   Ein Autofahrer, der den Unfall beobachtet hatte, rief über sein Autotelefon den Notdienst herbei. Der Notarzt stellte fest, dass sich der Junge den linken Oberschenkel und ein Handgelenk gebrochen hatte. Der verletzte Schüler wurde mit einem Rettungshubschrauber in das Dollberger Kreiskrankenhaus eingeliefert.

2. Holzkirchen: ...
   Die 30-jährige Frau, eine erfahrene Reiterin aus München, hatte am gestrigen Sonntag einen Reitausflug unternommen. Gegen 18.50 Uhr befand sie sich auf dem Waldweg zwischen Otterfing und Kreuzstraße. Als auf dem schmalen Weg von hinten eine Radfahrerin herankam, drehte sich die Reiterin kurz um. Genau in diesem Augenblick scheute ihr Pferd. Die junge Frau, die ohne Sattel ritt, konnte sich auf dem Rücken nicht mehr halten und stürzte zu Boden. Dabei fiel sie so unglücklich, dass sie sich den linken Arm brach und in das Krankenhaus Holzkirchen eingeliefert werden musste.

Zu Beginn eines längeren (Zeitungs-)Berichts wird manchmal ein Überblick über das **ganze** Ereignis gegeben, wobei auch knapp die **Ursachen und Folgen** erwähnt werden. Diesen etwa 2–3 Sätze langen „Kurzbericht" nennt man auch **Überblickinformation.**

Geldtransporter der Wach- und Schließgesellschaft (Panzerwagen) überfallen – Freitag, 4. 1. 200.../8.30 Uhr morgens – vor dem Olympus-Einkaufszentrum (Düsseldorf, Dollstraße) – 2 Räuber/ca. 1,80 Meter groß/mit Pistolen/Faschingsmasken – Flucht in eigenem Wagen (goldfarbener Manta) – Beute: mehr als 100 000 € – Wachmann (42 Jahre) verletzt (Platzwunde am Kopf) – Fahndung bisher vergeblich

Überblickinformation:
Am Freitag um 8.30 Uhr morgens überfielen zwei bewaffnete und maskierte Räuber vor dem Olympus-Einkaufszentrum in Düsseldorf einen gepanzerten Geldtransporter. Die bisher unbekannten Täter konnten mit einer Beute von 100 000 € in ihrem eigenen Wagen entkommen.

7 Schreibe mithilfe der folgenden Stichpunkte eine Überblickinformation von ungefähr 2 Sätzen.
Versuche möglichst viele der **wichtigen** Informationen zu verwenden.

1. 18. 10. 200.../nachts – Fulda: Aufdrücken des Hauptportals (Holz) mit einem Personenwagen – vorher die eiserne Absperrkette am Rande des Domplatzes durchbrochen – Fahrt bis zum Hauptaltar, zwischen Kirchenbänken hindurch – Täter noch unbekannt – in der Nähe des Altars: abgebrochener Innenspiegel/Scherben eines Blinkerlichtes (vermutlich grüner Mercedes, Baujahr 1993) – Schaden: ungefähr 50 000 € – Tat erst gegen 6.00 Uhr morgens bemerkt

2. Dienstag, 8. Januar 200.../gegen 14.50 Uhr – Bahnhof Cannon Street/Innenstadt von London – Einfahrt eines Nahverkehrszuges (Geschwindigkeit ca. 30 km/h)/Aufprall gegen Prellbock – vermutliche Ursache: Versagen der Bremsen – ca. 800 Passagiere im Zug/247 Verletzte (zum Teil schwer) – Befreiung der eingekeilten Fahrgäste durch die Feuerwehr – der 1. und die beiden mittleren der 10 Waggons am stärksten beschädigt

2.2 Sprache und Stil der Einleitung

Berichte werden in einer sachlichen, genauen, aber auch treffenden und abwechslungsreichen Sprache geschrieben. Die folgenden Übungen helfen dir schon in der Einleitung den „richtigen Ton“ zu treffen.

8 Bilde vollständige Sätze, indem du passende Verben aus der unten stehenden Wortliste verwendest. Oft gibt es mehrere gute Lösungen!

1. Am Montag, den 23. 5. 200.../an unserer Schule/eine ärztliche Reihenuntersuchung.
2. Gestern Nachmittag/an der Kreuzung Bahnhofstraße/Gartenweg/ein schwerer Verkehrsunfall.
3. Die Städtische Berufsfeuerwehr/am 3. Oktober/einen Tag der offenen Tür.
4. Ein Stromausfall in der Innenstadt von Köln/gestern am frühen Nachmittag/ein Verkehrschaos.
5. Um Geld für ein Krankenhaus in Afghanistan zu sammeln, ... unsere Schule/am 14. 12. 200.../einen Weihnachtsbasar.
6. Zündelnde Kinder/gestern/auf einem Bauernhof in der Nähe von Passau/einen Sachschaden von 50 000 €.

Wortfelder/Wortschatz

veranstalten → stattfinden → durchführen

sich ereignen → geschehen → abhalten

kommen zu → führen zu → verursachen

In den einleitenden Sätzen müssen viele **Angaben über den Ort, die Zeit und die näheren Umstände** eines Ereignisses gemacht werden. Manchmal wird dann der Satzbau sehr umständlich und unübersichtlich.

Vergleiche:

Falsch: In der Balanstraße am Mittwochabend verhaftete mithilfe eines 13-jährigen Jungen die Polizei einen lange gesuchten Einbrecher.

Besser: Am Mittwochabend verhaftete in der Balanstraße die Polizei mithilfe eines 13-jährigen Jungen einen lange gesuchten Einbrecher.

Halte dich an die folgenden **Regeln für die Satzstellung:**

*Nur **eine** Umstandsbestimmung an den Satzanfang stellen, am besten die **Zeitbestimmung** oder eine sehr lange Angabe! Vermeide es, dass mehrere Umstandsbestimmungen aufeinander folgen!*

9 Bilde aus folgenden Satzteilen jeweils **einen** vollständigen Satz. Experimentiere dabei mit verschiedenen Satzstellungen, halte dich aber dabei an die obigen Regeln.

1. ein schwerer Verkehrsunfall/gestern Nachmittag/sich ereignen/kurz nach Schulschluss/auf dem Fußgängerübergang/ vor unserer Schule
2. im Kreis Lübeck/in der Nacht zum Dienstag/erhebliche Schäden/ orkanartige Stürme mit Geschwindigkeiten bis zu 140 Stundenkilometern/verursachen
3. in unserer Schule/am Freitagvormittag/die Polizei/ durchführen/eine Fahrradkontrolle
4. ein Sonderkommando der Polizei/eine Geißelnahme beenden/ ohne Blutvergießen/in der Innenstadt von Frankfurt/ am Dienstag gegen Abend
5. im Hallenbad Ottokirchen/während des Sportunterrichts/ ein elfjähriger Junge/am Donnerstag/verunglücken

2 Die Einleitung

10 Schreibe mithilfe der folgenden Informationen Einleitungen bzw. Überblickinformationen, die nicht länger als 1–2 Sätze je Ereignis sein sollten. Achte dabei auf

- die sprachlichen Formulierungen
- einen übersichtlichen Satzbau

1. der diesjährige Vorlesewettbewerb der 6. Klassen – am Dienstag (23. 11. 200...) – in der 5. und 6. Stunde – in der Aula unserer Schule – Sieger: H. Scheid, Kl. 6 c
2. am Mittwochmorgen – bei einem leichten Erdbeben in Mittelamerika – mehr als 100 Menschen verletzt – in Panama
3. während des Berufsverkehrs – gestern Abend gegen 17.30 Uhr – im Zentralbahnhof von Brüssel – Zusammenstoß zweier Vorortzüge – nur Sachschaden

2.3 Lösungen

1. Mit dieser Einleitung zu einer Erzählung will der Verfasser Spannung erzeugen, er möchte unterhalten. Deshalb werden Gefühle, Gedanken, Sinneseindrücke wiedergegeben und es wird nicht gleich verraten, um was es sich
5 bei diesen geheimnisvollen Geräuschen handelt. In einem Bericht dagegen kommt es nicht auf Spannung an, sondern auf sachliche, klare Information.
2. Am Mittwoch, den 3. März 200... befand ich mich abends allein in unserem Einfamilienhaus in der Balanstraße 15. Gegen 21.45 Uhr hörte ich von meinem Schlafzimmer im 1. Stock ein verdächtiges Geräusch auf der Terrasse vor unserem Wohnzimmer. ...

1. Schüler mit Fahrrad verunglückt
Ein zwölfjähriger Schüler aus Dollberg ist gestern bei einem Fahrradunfall so schwer verletzt worden, dass er mit dem Rettungshubschrauber ins Krankenhaus geflogen
6 werden musste.
2. Reiterin stürzt vom Pferd
Eine 30-jährige Reiterin brach sich am Sonntag in der Nähe von Holzkirchen einen Arm, als ihr Pferd unerwartet scheute und sie abwarf.

7

1. In der Nacht vom 18. 10. 200... drückten unbekannte Täter mit einem Personenwagen das hölzerne Hauptportal des Fuldaer Doms auf und fuhren zwischen den Kirchenbänken bis vor den Altarraum. Dabei entstand ein Sachschaden von etwa 50 000 €.
2. Am 8. Januar 200... kam es zu einem schweren Zugunglück in der Londoner Innenstadt, als ein mit rund 800 Passagieren voll besetzter Nahverkehrszug gegen einen Prellbock im Bahnhof Cannon Street fuhr. Bei dem Unglück, das vermutlich auf versagende Bremsen zurückzuführen ist, wurden 247 Menschen zum Teil schwer verletzt.

8

1. stattfinden, durchführen
2. sich ereignen, kommen zu
3. veranstalten, durchführen
4. führen zu, verursachen
5. veranstalten, abhalten, durchführen
6. verursachen

1.
- Gestern Nachmittag ereignete sich kurz nach Schulschluss auf dem Fußgängerübergang vor unserer Schule ein schwerer Verkehrsunfall.
- Gestern Nachmittag kurz vor Schulschluss ...

9
- Ein schwerer Verkehrsunfall ereignete sich gestern Nachmittag kurz nach Schulschluss auf dem Fußgängerübergang vor unserer Schule.
- Auf dem Fußgängerübergang vor unserer Schule ereignete sich gestern Nachmittag kurz nach Schulschluss ein schwerer Verkehrsunfall.

usw.

1. Aus dem diesjährigen Vorlesewettbewerb der sechsten Klassen, der am Dienstag, den 23. 11. 200... in der 5. und 6. Stunde in der Aula unserer Schule stattfand, ging H. Scheid aus der Klasse 6 c als Sieger hervor.

10

2. Bei einem leichten Erdbeben in Mittelamerika wurden am Mittwoch Morgen in Panama mehr als 100 Menschen verletzt.

3. Gestern Abend gegen 17.30 Uhr stießen im Zentralbahnhof von Brüssel zwei Vorortzüge zusammen. Bei dem Unglück, das sich während des Berufsverkehrs ereignete, entstand nur Sachschaden.

Kapitel 3

Der Hauptteil

Im Hauptteil des Berichts wird die Frage beantwortet:
Wie hat sich das Geschehen abgespielt?
Das bedeutet:

- Die **näheren Umstände** des Ereignisses müssen in allen wichtigen Einzelheiten **genau und geordnet** berichtet werden.
- Die einzelnen Informationen müssen dabei **sprachlich klar, zusammenhängend und sachlich** dargestellt werden.

Tipp

Bei Schulaufsätzen solltest du das **Hauptereignis immer besonders genau und ausführlich** berichten!

3.1 Inhalt und Aufbau des Hauptteils

Berichte können über selbst erlebte Ereignisse oder mithilfe von vorgegebenen Informationsquellen (Zeugenaussagen, Erzählungen anderer, Bildmaterial ...) geschrieben werden.
Mit den folgenden Aufgaben kannst du üben, wie man die für einen Bericht erforderlichen **Informationen sammelt, auswählt und ordnet.**

3 Der Hauptteil

Tipp

Stelle dir beim Berichten immer einen neugierigen Leser vor, der alles ganz genau wissen will und der dich deshalb ständig fragt:
Wer? Wann? Wo? Was? Wie? Warum?

11 Lies die folgende Einleitung zu einem Zeitungsbericht und notiere dir alle Fragen, die deiner Meinung nach im Hauptteil dieses Artikels beantwortet werden müssten.

> **Unfall beim Sportunterricht**
> Am Donnerstagvormittag verunglückte ein elfjähriger Schüler während des Schwimmunterrichts im Hallenbad Ottobrunn.

12 Der Artikel über diesen Sportunfall geht so weiter:

> Nach dem Umkleiden hatte sich die Klasse des Jungen am Rande des großen Schwimmbeckens versammelt um auf ihren Sportlehrer zu warten. Gegen 10.30 Uhr sprang der Junge – trotz eines ausdrücklichen Verbots des Lehrers – vom Beckenrand in das hier nur etwa einen Meter tiefe Wasser. Dabei schlug er vermutlich mit dem Kopf auf den Boden des Bassins auf und verlor das Bewusstsein. Als seine Klassenkameraden bemerkten, dass sich ihr Mitschüler nicht mehr bewegte, sprangen sie sofort ins Wasser und holten ihn heraus. Zusammen mit dem Bademeister gelang es dem Sportlehrer den Verunglückten innerhalb kurzer Zeit wieder zu beleben. Zur weiteren Behandlung wurde der Junge anschließend mit dem Hubschrauber ins nächstgelegene Krankenhaus gebracht.

1. a) Welche deiner Fragen aus der vorangehenden Aufgabe werden im Hauptteil beantwortet, welche nicht?
   Woran könnte das liegen?
   b) Wie unterscheidet sich die Einleitung vom Hauptteil?

2. In welcher Reihenfolge wird der Vorfall berichtet?

3. Dies ist ein **Zeitungs**bericht.
   Wie würde sich hiervon
   a) der Bericht eines an der Rettung beteiligten Schülers
   b) der Bericht des Sportlehrers
   unterscheiden?

13 Am Nachmittag des 12. Juni 200... wird der Direktor der Schule in Deisenfeld von Frau Wachten, einer Schülermutter, angerufen. Die aufgeregte Mutter teilt ihm mit, dass ihr Sohn Hans aus der 5 c auf dem Heimweg von einigen älteren Schülern grob belästigt worden sei. Er habe dabei Verletzungen am Knie erlitten, auch sei seine Kleidung beschädigt worden. Näheres habe sie von ihrem Sohn noch nicht erfahren können, da dieser zu verstört sei. Ulrike Schneider, ein Mädchen aus dem Nachbarhaus, habe aber den Vorfall beobachtet. Der Schulleiter will natürlich der Sache auf den Grund gehen und ruft am nächsten Morgen Ulrike aus der Klasse 7 b zu sich, um sie über den Vorfall zu befragen.

1. Was wird der Direktor das Mädchen gefragt haben?
   Schreibe so viele Fragen wie möglich auf und verwende dabei auch die Berichtfragen.

2. Im Anschluss an diese Befragung hat der Direktor die Schülerin noch gebeten einen schriftlichen Bericht über ihre Beobachtungen anzufertigen.
   Lies diesen Bericht und überlege, ob noch wichtige Fragen offen sind. Welche?

Am Donnerstag, den 12. Juni 200..., befand ich mich kurz nach Schulschluss, also gegen 13.10 Uhr, auf dem Nachhauseweg. Ungefähr 150 Meter vor mir ging Hans Wachten aus der Klasse 5 c gerade an der Bushaltestelle in der Bahnhofstraße vorbei, wo, wie immer um diese Zeit, eine Gruppe von Schülern auf den Bus nach Grünacker wartete. Unter ihnen befanden sich auch Fritz Ortner und Walter Frische, zwei große und kräftige Jungen aus der Klasse 8 a. Als Hans bei ihnen vorbeiging, rempelte ihn einer von den beiden so an, dass dieser auf das Pflaster stürzte. Er schlug dabei sein Knie auf und seine Hose wurde beschädigt. Als Hans vor Schmerz weinte, drohten ihm die beiden, dass sie ihn verprügeln würden, wenn er sie verpetzen sollte. Dann stiegen die beiden 8-Klässler zusammen mit den anderen Schülern in den gerade angekommenen Bus und fuhren weg. Ich selbst begleitete Hans, der nur mühsam gehen konnte und immer noch weinte, nach Hause.

14 Stelle dir folgende Situation vor: Christine konnte zwei Tage lang nicht in die Schule gehen, weil sie einen Unfall hatte. Als sie am Mittwoch wieder im Unterricht erscheint, bittet sie ihr Deutschlehrer von ihrem Unfall zu berichten. Ihre Klassenkameraden machen sich dabei Notizen, die anschließend vom Lehrer an der Tafel gesammelt werden. Das Tafelbild sieht so aus:

- am Montagmorgen (21. 1. 200...)
  gegen 7.00 Uhr:
  Frühstück mit selbst gemachtem Müsli und Tee
- nach dem Frühstück: Fahrrad aus Garage geholt
- neues Sportrad, Geburtstagsgeschenk von Onkel, 12 Gänge, rot
- kalt, ungefähr 5 Grad minus,
  dicke Handschuhe angezogen
- kein Regen mehr wie am Tag zuvor
- Schultasche umgehängt – ziemlich schwer,
  da noch Bücher aus der Schulbibliothek
- um 7.34 Uhr Freundin Helga (Klasse 6 c) abgeholt
- Helgas Wohnung in der gleichen Straße,
  einige Häuser weiter
- zusammen die Gleißentalstraße hinuntergefahren (ziemlich steil)
- plötzlich gestürzt
- überall Schmerzen, kann aber aufstehen
- Designerjeans (neu!) am Knie aufgerissen
  und blutig
- Schäden am Fahrrad
- Rad nach Hause geschoben, humpelnd
- mit Mutter zum Arzt gegangen:
  Untersuchung, Verband, Bettruhe

1. Die Schüler, die mithilfe dieser Notizen einen Bericht schreiben sollen, haben noch eine Menge Fragen an Christine.
   Was würdest du noch wissen wollen?
2. Nicht alle Informationen an der Tafel sind für einen Bericht von Bedeutung. Streiche alle Einzelheiten, die du nicht in einem Bericht verwenden würdest.
3. Wovon hängt es hier ab, ob eine bestimmte Information für einen Bericht „wichtig" oder „unwichtig" ist? Überlege, wer hier für wen einen Bericht über diesen Unfall schreiben könnte.

15 Bei dieser Aufgabe geht es vor allem darum, aus einem längeren Erzähltext die für einen Bericht wichtigen Informationen zu sammeln.

Olympiade 1908: Armer Dorando

Es müsste genug sein. Nach einem Lauf über 42 Kilometer das Stadion zu erreichen, als Erster, das müsste der Sieg sein. 42 Kilometer lang haben sie nur das eine Ziel vor Augen: das Stadion. Alle Kämpfe gegen die anderen, gegen die Hitze, gegen das eigene Versagen stärkt immer wieder der Gedanke an das Stadion, das rettende Ufer. Doch wenn sie es erreichen, haben sie noch nicht gesiegt. Die Regeln schreiben noch eine Runde vor, noch 400 m. Wer diese Regel erfand, dachte nur an das Vergnügen des Publikums. Er dachte nicht an die seelische Widerstandskraft eines Marathonläufers.
Am Donnerstag, dem 24. Juli, schien über London die Sonne. Im Windsorpark, vor der Terrasse des königlichen Schlosses, traten 56 Teilnehmer zum Marathonlauf an. Bis zum White-City-Stadion in Shepherds Bush war eine Strecke von 42,260 Kilometern vermessen. Die Londoner standen Spalier. Der Präsident des Olympischen Organisationskomitees, Lord Desborough, feuerte selbst den Startschuss ab.
Jubel an der Strecke, als nach 5 km der Engländer Jack führte. Doch in der ersten Hälfte der Distanz schob sich ein anderer Läufer in den Vordergrund, der schlanke, große, sehnige Südafrikaner Hefferon. Nach 10 km war Hefferon Vierter, nach 15 km Dritter, nach 20 km Zweiter und nach 25 km Erster. Hefferons unaufhaltsamem Vordringen an die Spitze

folgte ein kleiner Läufer mit einem buschigen Schnauzbart und einem weißen Mützchen, der Italiener Pietri Dorando. Kein Experte kannte vor dem Rennen seinen Namen. Ein lustiges Paar. Wie David und Goliath, wie der Herr und sein Diener liefen sie dahin. Doch als Hefferon die Führung gewonnen hatte, fiel Dorando zurück, eine Minute, zwei Minuten, drei Minuten.

Als Hefferon den 37. km passierte, schwollen der Beifall und die Anfeuerungsrufe hinter ihm stärker an, als sie ihn empfingen. Ein Läufer holte auf, Pietri Dorando. In Höhe des Wormwood-Scrubbs-Parks sah Dorando wieder den Rücken Hefferons. Er setzte zu einem Spurt an wie ein Kurzstreckenläufer und stob an Hefferon vorbei, der im Nu 400 m verlor. Hefferon war so verblüfft, dass er auch noch den Amerikaner Hayes vorbei ließ, der Dorando gefolgt war, ohne aber dessen gewaltsamen Zwischenspurt mitzumachen.

Im Stadion wurde der Sieger erwartet. Es hatte sich schon herumgesprochen, dass sich eine Sensation anbahnte. Aber noch ahnte niemand, welcher Art sie sein würde. Die Königin Alexandra hatte in der Ehrenloge Platz genommen. Jubel brandete auf, erstarb plötzlich, als eine aufgeregt gestikulierende Gruppe von Fotografen und Offiziellen im Stadioneingang erschien. Der Sieger des Laufs betrat das Stadion, setzte taumelnd

Fuß vor Fuß, wie ein Automat. Strebte in die falsche Richtung, zur letzten Runde. Wurde in die richtige Richtung gewiesen.
Dorando versuchte noch einmal zu laufen. Totenblass, mit wackelndem Kopf und schlotternden Knien. Dann stürzte er zu Boden, raffte sich wieder auf, von hilfreichen Händen gestützt, taumelte im Zickzack wie ein Betrunkener über die Bahn. Stürzte noch viermal, raffte sich wieder auf. Da zerbrach ein Aufschrei die entsetzte Stille. Hayes lief ein. Leicht und flüssig, zur letzten Runde.
Dorando lag auf der Seite, blickte sich um, begriff. Auf den Knien versuchte er dem Ziel zuzukriechen. Hayes kam immer näher. Das Stadion schrillte von hysterischen Schreien. Man wollte dem armen Teufel helfen. Noch 5 Meter trennten Dorando von der Ziellinie. Hayes bog in die Zielgerade ein. Da hielt es zwei Männer nicht länger. Sie sprangen hinzu, halfen Dorando auf und schubsten ihn auf einknickenden Beinen über die Ziellinie. Dann feierten ihn alle erlöst als Sieger.
Doch Dorando wurde disqualifiziert und Hayes zum Sieger erklärt. Das war das Erste, was er erfuhr, als er Stunden später aus der Bewusstlosigkeit erwachte. Erbittert klagte er: „Als mich meine letzten Kräfte verließen, waren es doch Offizielle, die erst selbst den Vorwand schafften mich dann zu disqualifizieren!" ...

(in: Olympisches Lesebuch, Hrsg. von der Deutschen Olympischen Gesellschaft, Dortmund 1971, S. 212–214, leicht verändert und gekürzt)

Stelle dir nun vor, du solltest über dieses Ereignis einen Bericht schreiben, wie er am nächsten Tag in einer Londoner Zeitung erschienen sein könnte.

1. Welches ist das Hauptereignis?
   Versuche eine aussagekräftige Überschrift zu formulieren.
2. Hole mithilfe der Berichtfragen die wichtigsten Fakten aus dieser Geschichte heraus.
3. Notiere in Stichpunkten den Verlauf des Rennens.
4. Warum wohl ist Pietri (so hieß der italienische Pastetenbäcker mit seinem wirklichen Nachnamen) disqualifiziert worden?
5. Schreibe einen einleitenden Satz oder eine Überblickinformation für deinen Artikel, in dem das Hauptereignis im Vordergrund steht.
6. Versuche nun auch den Bericht zu schreiben.

16 Manchmal muss man die Informationen für einen Bericht aus verschiedenen „Zeugenaussagen“ herausfiltern.
Lies die folgenden Einzelaussagen und versuche dir den Ablauf des Geschehens vorzustellen.

In der Nacht vom 9. auf den 10. Juli 200... fuhren die Schülerinnen und Schüler der 10b des Löhne-Gymnasiums mit ihrem Lehrer nach Rom. Der Lehrer, Herr Boll, schlief gut und fest in seinem Liegewagenabteil, bis er morgens gegen 7.00 Uhr von einigen Schülerinnen geweckt wurde. Die Mädchen redeten sofort erregt auf ihn ein.

Nicola:

Herr Boll! Herr Boll! Heut Nacht! Wahnsinn, was wir da erlebt haben!

Sabine:

Ich habs mir gleich gedacht, dass was passieren würde. Ich hab auch gar nicht sofort einschlafen können, als wir uns so um Mitternacht hingelegt haben. Und die anderen haben mich auch noch ausgelacht, als ich kurz davor noch die Tür unseres Abteils verriegelt habe. „Wer wird dich schon stehlen!“, haben sie gesagt. So eine Gemeinheit!

Ulrike:
Also ich hab erst gar nicht gewusst, was los ist. Ich schlafe gerade so schön, als ich plötzlich Nicola wie irre brüllen höre ...

Nicola:
Wenn du hörst, wie jemand an der Abteiltür herumfummelt und wenn dann die Tür langsam aufgeht, dann möchte ich dich hören! Erst dachte ich, es ist einer von den Jungen, die uns erschrecken wollen. Aber als er dann seine Hand unter dein Kopfkissen strecken wollte, da habe ich einfach was tun müssen.

Sabine:
Das war auch genau richtig. Dein Gebrüll hat doch seinen Zweck erfüllt. Der Dieb ist sofort geflüchtet und die Ulrike hat ihren Geldbeutel noch. Sehr originell, das ganze Geld unter dem Kopfkissen zu verstecken!

Ulrike:
Als der Schaffner gestern Abend sagte, dass im Zug von München nach Rom fast jeden Abend eine Diebesbande auftritt, die eiskalt die schlafenden Reisenden bestiehlt, hab ich gedacht, der Mann will uns nur Angst machen.

Sabine:
Deine Nerven möchte ich haben! Du hast ja schon geschlafen, bevor wir überhaupt das Licht ausgeknipst haben!

Ulrike:
Dafür war ich viel schneller wach als du. Als ich merkte, was los war, bin ich sofort von meiner Liege gesprungen und auf den Gang gerannt. Da war das Licht an und ich konnte sehen, dass er ziemlich klein war, höchstens 1,60 Meter. Und er hatte so eine dicke wattierte Bomberjacke an, grün glaube ich, bestimmt geklaut. Als er dann im nächsten Wagen verschwand, habe ich mich doch nicht mehr getraut ihn weiterzuverfolgen. Man weiß ja nie ...

Nicola:
Eigentlich hast du es Sabine zu verdanken, dass du dein Geld noch hast. Die hat nämlich kurz vorher auf der Liege über mir im Schlaf so laut gestöhnt, dass ich aufgewacht bin.

Ulrike:
Wenn ich das meinem Bruder erzähle, der flippt glatt aus vor Neid.

Nicola:
Schade, dass wir den Typen nicht erwischt haben. Dem hätte ich ...

„Stopp!“, unterbrach der Lehrer den Wortschwall der Mädchen. „Geht jetzt bitte in euer Abteil zurück und denkt euch da aus, was gewesen wäre, wenn ... Ich schreibe jetzt noch schnell einen Bericht, den unser Zugbegleiter der Polizei geben soll. Vielleicht können wir damit helfen, der Diebesbande das Handwerk zu legen.“

a) Sammle die für einen Bericht wichtigen Informationen und ordne sie nach ihrem zeitlichen Verlauf.
Benutze dabei die „Berichtfragen“.

b) Fasse das Hauptgeschehen in einem Satz zusammen.

c) Schreibe nun über diese aufregende Nacht im Rom-Express einen kurzen, sachlichen Bericht.

17 Bei dieser Aufgabe musst du versuchen die für einen Bericht wichtigen Informationen aus den Bildern „herauszulesen“.

1. Schau dir die Bildgeschichte auf Seite 50 zunächst genau an und stelle dir den ganzen Ablauf des Geschehens vor.
2. Diese Bildgeschichte trägt die Überschrift: „Unbeabsichtigte Helden“ und dies ist für eine **Erzählung** auch ein passender Titel. Für einen **Bericht** wäre das aber nicht informativ genug.
   Wie könnte eine Überschrift für einen Zeitungsbericht lauten, durch die das **Hauptereignis** genauer erfasst wird?
3. Stelle zu jedem Bild möglichst viele W-Fragen (siehe Berichtfragen S. 16). Achte auch darauf, was sich „zwischen den Bildern“ abgespielt haben könnte.
4. Schreibe nun einen Bericht,
   a) wie er am nächsten Tag in einer Zeitung erscheinen könnte oder
   b) wie ihn der Junge für seine Schülerzeitung schreiben würde (Ichform!).

3 Der Hauptteil

Die fehlenden Ortsangaben, Namen usw. kannst du dir selber ausdenken.
Achte besonders darauf,

- dass du nicht ins Erzählen kommst,
- dass die einzelnen Sätze inhaltlich und gedanklich gut zusammenhängen,
- dass dein Bericht einen Einleitungs- und einen Schlusssatz aufweist.

Aus: e.o. plauen „Vater und Sohn" © Südverlag GmbH Konstanz (ren.)
Mit Genehmigung der Gesellschaft für Verlagswerte GmbH, Kreuzlingen (Schweiz)

Wortfelder/Wortschatz

verhindern/vereiteln – ein Verbrechen/einen Banküberfall verüben – jemanden bedrohen – in Schach halten – die Herausgabe von etwas erzwingen/fordern/verlangen – die Polizei verständigen/benachrichtigen/alarmieren – einen Verbrecher festnehmen/verhaften/abführen – als Helden feiern – überrumpeln/überraschen – zu Boden werfen – jemandem einen Fausthieb/eine Ohrfeige versetzen/verpassen – etwas (nicht) bemerken/erkennen – mit erhobenen Händen – die Situation missverstehen/verkennen –

Bankräuber/Missetäter/Verbrecher – Bankangestellter/Schalterbeamter

rücksichtslos – grob – flegelhaft – empört – zornig – grimmig – unerschrocken – erschrocken – erleichtert – (aufs Äußerste) erregt sein

3.2 Sprache und Stil des Hauptteils

Die folgenden Sprachübungen zeigen dir, wie du dich im Hauptteil des Berichts klar, genau und zusammenhängend ausdrücken kannst.

18 **Wanderungen und Ausflüge** sind besonders geeignet um darüber in der Schule Berichte zu schreiben. Der folgende Bericht ist allerdings nicht sehr gut gelungen. Verbessere ihn wenigstens sprachlich, indem du passende Ausdrücke aus dem darunter stehenden „Wörtervorrat“ verwendest.

1. Am letzten Wochenende beschlossen mein Vater und ich eine Wanderung **zu machen.**
2. Wir wollten **zu Fuß** von Kleindorf zum Kaltensee **gehen.**
3. Da wir schon am Abend davor alle notwendigen Vorbereitungen **gemacht hatten,** konnten wir um 6.00 Uhr von zu Hause **losgehen.**
4. Zuerst **ging** es mit dem Auto nach Kleindorf.
5. Am Ortsausgang **gingen** wir den markierten Wanderweg zum Kaltensee.

6. Bald jedoch **ging** der Weg **auseinander.**
7. Da wir keine Markierung fanden, wussten wir nicht, welchen Weg wir **gehen** sollten.
8. Schließlich **gingen wir nach rechts.**
9. Der Weg **ging** zunächst sehr gemächlich **hinauf.**
10. Er **ging** über eine Forststraße, dann **ging** er durch ein Birkenwäldchen und schließlich **ging** er steil **nach unten.**
11. Nachdem wir etwa vier Kilometer **gegangen waren,** wurde der Weg immer schmaler und wir merkten, dass wir vom richtigen Weg **weggegangen** waren.
12. Mein Vater wollte umkehren, aber ich überredete ihn unsere Wanderung **weiterzumachen.**
13. Wir mussten uns einen Weg durch dichtes Gebüsch **machen** und auch **durch** eine große Sumpfwiese **gehen.**
14. Endlich **kamen** wir zu einem Bach, von dem wir hofften, dass er zum See **ging.**
15. Wir **gingen** auf einigen Steinen **über** den Bach und **gingen** ihn bis zur Mündung in den See **entlang.**
16. Als wir endlich an unserem Ziel **angekommen waren,** waren wir froh, dass alles **gut gegangen** war.
17. Bevor wir uns auf den Rückweg **machten, machten** wir aber eine ausgiebige Rast.

Wortfelder/Wortschatz

Bevor es losgeht

- eine Wanderung/einen Ausflug planen/unternehmen/vorbereiten
- Vorbereitungen treffen
- ein Ziel/einen Treffpunkt festlegen

Start

- aufbrechen – sich aufmachen – losmarschieren

3 Der Hauptteil

Auf dem Weg

- wandern – (auf-/ab-/be-)steigen – überwinden – ausschreiten – eine bestimmte Strecke zurücklegen – sich einen Weg bahnen – gut vorankommen
- einen bestimmten Weg nehmen/wählen/einschlagen – zuhalten auf – einem Weg folgen
- der Weg führt zu .../überquert/kreuzt/durchquert/steigt an/ fällt ab/stößt auf/... /gabelt sich/biegt ab/zweigt ab
- einen Weg abkürzen/abschneiden/ – eine Abkürzung nehmen – den Weg verlassen
- sich verlaufen – die Orientierung verlieren – vom Weg abkommen/abweichen – einen Weg/eine Abbiegung/Abzweigung verfehlen – sich verirren
- etwas besichtigen – erkunden – betrachten

Rast

- eine Rast/eine Pause einlegen – sich ausruhen – sich stärken – den Hunger/Durst stillen – sich erholen – rasten – die Wanderung fortsetzen

Ziel

- das Ziel erreichen – an das Ziel gelangen – ankommen
- den Rück-/Heimweg antreten

19 Um herauszufinden wie sich ein Verkehrsunfall abgespielt hat, muss die Polizei die Beteiligten und Zeugen befragen.
Diese mündlichen Aussagen müssen dann für das Unfallprotokoll in die Sprache des Berichts „übersetzt“ werden.
Hilf dem Polizisten bei dieser Übersetzungsaufgabe.
Oft passen mehrere von den unten angegebenen Möglichkeiten.

1. „Der Autofahrer ist **viel zu schnell** gefahren.“
   Der Autofahrer fuhr mit .... Geschwindigkeit.
2. „Da merkte ich, dass die Bremsen **nicht mehr gingen.**“
   Es stellte sich heraus, dass die Bremsen .... hatten.

3. „Der Lastwagenfahrer ist **viel zu dicht bei mir vorbeigefahren.**“
Der Radfahrer stürzte, weil der Lastwagenfahrer den seitlichen Sicherheitsabstand nicht ....
4. „Der Motorradfahrer fuhr ganz plötzlich nach links raus.“
Der Motorradfahrer ....
5. „Der hat am Stoppschild einfach nicht angehalten.“
Der Mopedfahrer .... das Stoppschild.
6. „Der Hund riss sich von der Leine los, rannte über die Straße und wurde von dem Bus **erwischt.**
Der Hund wurde von dem Bus ....
7. „Dass die in einer solchen Kurve, **wo man so wenig sehen kann,** überholen muss!“
Die Fahrerin wollte in einer sehr .... Kurve überholen.

8. Das Auto vor mir bremste ganz plötzlich und da bin ich ihm **draufgefahren.**“
Der Mopedfahrer .... auf das vor ihm fahrende Auto ....
9. „ ... und da bin ich **im Graben gelandet.**“
Das Fahrzeug .... von der Fahrbahn ....
10. „Weil gerade Geschäftsschluss war, **waren viele Fahrzeuge auf der Straße.**“
Weil gerade Geschäftsschluss war, ... dichter Verkehr.
11. „Woher sollte ich auch wissen, dass der nach links **in die Sieglindenstraße fahren** wollte? **Der hat ja nicht geblinkt.**“
Zu dem Unfall kam es, weil der Autofahrer in die Sieglindenstraße .... ohne seine Richtungsänderung ....
12. „Da fing mein Wagen an sich zu drehen, ich konnte nicht mehr lenken und fuhr gegen den Lichtmast.“
Der Wagen ...., der Fahrer .... über sein Fahrzeug und .... gegen einen Lichtmast.
13. „Aber ich hatte doch Vorfahrt!“
Der Radfahrer befand sich auf einer .... Straße.
14. „Der hat nicht einmal angehalten, sondern ist **einfach weitergefahren, ohne sich um den verletzten Jungen zu kümmern.**“
Der Autofahrer .... Fahrerflucht.

Wortfelder/Wortschatz

abbiegen – abkommen von – anfahren – anzeigen – auffahren – ausscheren – begehen – einbiegen – einhalten – erfassen – herrschen – die Herrschaft/Kontrolle verlieren über – missachten – prallen auf/gegen – ins Schleudern geraten – schleudern – die Spur wechseln – streifen – unübersichtlich – überfahren – überhöht – überrollen – übersehen – versagen – vorfahrtsberechtigt

20 Im Folgenden wird beschrieben, was nach einem (Verkehrs-)Unfall geschieht und wie man sich verhalten sollte.
Leider hat sich der Verfasser recht umständlich ausgedrückt. Verbessere die Sätze. Du findest Lösungsvorschläge in den Klammern, allerdings sind die Buchstaben durcheinander geraten.

1. Wer als Erster an eine Unfallstelle kommt, muss alles tun, z. B. ein Warndreieck aufstellen, damit andere Verkehrsteilnehmer rechtzeitig gewarnt werden.
Als Erstes muss man die Unfallstelle ab .... (schiern)

2. Wenn jemand schwer verletzt ist, muss man erste Hilfe geben.
Man muss dem Verletzten erste Hilfe .... (stelein)

3. Man muss z. B. versuchen
a) eine starke Blutung zum Aufhören zu bringen,
eine starke Blutung zu .... (illsten),
b) indem man einen Druckverband macht.
indem man einen Druckverband .... (enlegan)

4. Wenn sich ein Verletzter in einer gefährlichen Situation befindet, aus der er sich nicht selbst befreien kann, muss man ihn mit dem Rettungsgriff in Sicherheit bringen.
Man muss den Verletzten mit dem Rettungsgriff .... (bregen)

5. Man muss so schnell wie möglich einen Notruf machen,
Man muss so schnell wie möglich einen Notruf .... (benabge), d. h., man muss der Polizei (110) oder dem Rettungsdienst (120) sagen, dass etwas passiert ist,
d. h. man muss die Polizei (110) oder den Rettungsdienst (120) von dem Unfall .... (stänvergendi)

6. Der Rettungsdienst entscheidet dann, was nun weiter gemacht werden muss.
Der Rettungsdienst entscheidet dann, welche weiteren Maßnahmen .... werden müssen, (enleitein)
ob man z. B. einen Hubschrauber holen muss.
ob man z. B. einen Hubschrauber .... muss. (forandern)

7. Bevor der Verletzte abtransportiert werden kann, muss sich ein Arzt um ihn kümmern.
Vor dem Abtransport muss der Verletzte ärztlich .... werden. (vergensor)

8. Die Polizei schreibt alles auf, was mit dem Unfall zusammenhängt.
Die Polizei muss den Unfall .... (haunfemen)
9. Sie muss die Beteiligten nach ihrem Namen und ihrer Adresse fragen.
Sie muss die Personalien der Beteiligten .... (stefstellen)
10. Sie wird eine Skizze von dem Unfallort machen.
Sie wird eine Skizze von dem Unfallort .... (ferantigen)
11. Sie versucht festzustellen, wer den Unfall gemacht hat.
Sie versucht festzustellen, wer den Unfall .... hat. (urverchensa)
12. Sie muss den Angehörigen sagen, dass etwas passiert ist.
Sie muss die Angehörigen .... (nachbetichrigen)

21 Bei dieser Übung geht es darum, die treffenden Fachausdrücke aus dem Bereich **„Brand"** zu finden. Diese findest du in der nachfolgenden Wortschatzliste.

1. Der Feuerwehr sagen, dass man einen Brand entdeckt hat:
einen Brand ....
2. Die Feuerwehr fährt zum Brandort:
die Feuerwehr ....
3. Sie kommt beim Brandort an:
Sie .... am Brandort ....
4. Die Schläuche werden an .... angeschlossen.
5. Die Feuerwehrmänner beginnen den Brand zu löschen:
Sie beginnen den Brand zu ....
6. Die (Dreh-)Leitern werden ....
7. Einige Feuerwehrmänner versuchen zu der Brandstelle zu gehen.
Sie versuchen zur Brandstelle ....
8. Dazu müssen sie Atemschutzgeräte benutzen:
Dazu müssen sie Atemschutzgeräte ....
9. Sie bemerken, dass die Flammen das Treppenhaus erreicht haben.
Die Flammen haben das Treppenhaus ....

10. Der Dachstuhl brennt schon.
    Der Dachstuhl .... schon in Flammen.
11. Es gelingt, die Ausbreitung des Feuers zu verhindern.
    Es gelingt, das Feuer ....
12. Jetzt müssen noch weitere Stellen, an denen das Feuer noch nicht gelöscht ist, gesucht werden.
    Jetzt müssen noch weitere .... gesucht werden.
13. Schließlich wird noch versucht die Brandursache herauszufinden.
    Schließlich muss noch die Brandursache .... werden.
14. Bevor die Feuerwehr wieder (zurückfährt) .... , wird noch eine .... zurückgelassen.

Wortfelder/Wortschatz

abrücken/anlegen/ausfahren/ausrücken/bekämpfen/Brandherd/Brandwache/eindämmen/eintreffen/erfassen/ermitteln/Hydrant/melden/stehen/vordringen

Tipp

Lies Zeitungsberichte über Brände und lege dir eine Liste von Wörtern und Ausdrücken zu diesem Sachgebiet an.

Oft lässt sich ein längerer Ausdruck knapp und dennoch genau durch ein einziges Wort ausdrücken:

Er handelte, **ohne über die möglichen Folgen nachzudenken.**
→ Er handelte **unbedacht/unüberlegt.**

22 Versuche in ähnlicher Weise die hervorgehobenen Satzteile durch ein treffendes Wort auszudrücken.

1. Die alte Dame hatte die Straße überquert **ohne auf die möglichen Gefahren zu achten.**
   Die alte Dame hatte die Straße .... überquert.
2. Der Täter konnte entkommen, **ohne dass ihn jemand erkannte.**
   Der Täter konnte .... entkommen.
3. Ein Auto geriet gestern auf der B 27 ins Schleudern.
   Was die Ursache dafür war, konnte bis jetzt noch nicht geklärt werden.
   Gestern geriet auf der B 27 ein Auto aus noch ....
   Ursache ins Schleudern.
4. Die Flutwelle näherte sich, **ohne dass man sie aufhalten konnte.**
   Die Flutwelle näherte sich ....
5. Der Einbrecher konnte in die Villa eindringen, **ohne dass ihn jemand dabei hinderte.**
   Der Einbrecher konnte .... in die Villa eindringen.
6. Bei dem Brand wurden Kunstwerke vernichtet, **die man nicht wiederbringen kann.**
   Bei dem Brand wurden .... Kunstwerke vernichtet.

7. **Wir versuchten alles nur Mögliche** um die Katze zu retten.
Wir ließen nichts .... um die Katze zu retten.
8. Nach der Überschwemmung waren viele Häuser **in einem Zustand, dass man sie nicht mehr bewohnen konnte.**
Nach der Überschwemmung waren viele Häuser .... geworden.
9. Wir mussten umkehren, **ohne dass wir etwas hatten ausrichten können.**
Wir mussten .... Dinge umkehren.
10. Unsere Mannschaft spielte weiter, **ohne dass sich ihr Einsatz verminderte.**
Unsere Mannschaft spielte mit .... Einsatz weiter.

Der zeitliche Zusammenhang

In einem Bericht wird beschrieben, wie ein Ereignis zeitlich abläuft. Um diesen **zeitlichen Verlauf** zu verdeutlichen, gibt es verschiedene sprachliche Möglichkeiten, z. B.:

Wortfelder / Wortschatz

abschließend	daraufhin	solange
als	endlich	später
anschließend	inzwischen	während
bevor	jetzt	währenddessen
bis	nachdem	zuerst
da	nun	zuletzt
danach	schließlich	zunächst
dann	sobald	zum Schluss
darauf	sofort	zuvor

Tipp

Vermeide „plötzlich"! Es verleitet zum Erzählen.

23 Verdeutliche in dem folgenden Bericht den zeitlichen Verlauf, indem du passende Wörter aus der vorangehenden Liste einsetzt. Häufig gibt es mehr als eine gute Lösung.

Am Montag, den 28. 11. 2001 begaben sich alle fünften und sechsten Klassen nach der 2. Pause in die Aula um beim diesjährigen Lesewettbewerb zuzuhören. (1) .... erklärte Herr Dr. S. Turm die Wettbewerbsregeln. (2) .... mussten die vier „Vorleser" aus der 6. Klasse die Reihenfolge auslosen. (3) .... der eigentliche Wettbewerb anfing, trugen noch drei Schüler aus der 5. Klasse einige lustige Gedichte vor. (4) .... begann Heide M., die erste Kandidatin, aus ihrem Buch vorzulesen. (5) .... sie ihren Vortrag beendet hatte, gaben die Schiedsrichter ihre Bewertung ab. (6) .... musste Gitti B. vorlesen, (7) .... Barbara K., (8) .... J. Sch. (9) .... wurden in der umgekehrten Reihenfolge die unbekannten Texte vorgelesen. (10) .... die Punkte zusammengezählt wurden, spielte die Klasse 5 b ein kleines Theaterstück. (11) .... wurden die Sieger bekanntgegeben. Julian aus der 6 c hatte gewonnen. (12) .... ihm die Siegerprämie, zwei Bücher, überreicht wurde, jubelten ihm seine Klassenkameraden begeistert zu. (13) .... nahmen die anderen Teilnehmer ihre Trostpreise in Empfang. (14) .... sich Dr. Turm bei allen Teilnehmern bedankt hatte, durften die Schüler nach Hause gehen.

24 Jan soll einen Bericht darüber schreiben, wie er einmal einen Fahrradschlauch geflickt hat. Er hat sich den Vorgang in Stichpunkten notiert und die wichtigsten Arbeitsschritte in kleinen Skizzen festgehalten.
Jetzt muss er noch die Sätze ausformulieren und zu einem zusammenhängenden Text verknüpfen. Hilf ihm dabei.
Achte besonders darauf, dass die Sätze auf möglichst unterschiedliche Weise verbunden werden und dass du die richtigen Zeiten (Tempora) verwendest (Präteritum und Plusquamperfekt!).

1. Werkzeug bereitlegen
2. Fahrrad auf Sattel und Lenkstange stellen
3. Flügelmuttern des Vorderrads lockern
4. Vorderrad aus Gabel heben
5. Ventilmuttern lösen
6. Ventileinsatz herausziehen
7. Reifenheber zwischen Felge und Mantel schieben
8. Mantel vorsichtig über Felgenrand stülpen
9. Schlauch herausziehen
10. Ventil wieder einsetzen
11. Schlauch aufpumpen
12. Schüssel mit Wasser füllen
13. Schlauch langsam durchs Wasser ziehen

→

14. Auf entweichende Luftbläschen achten
15. Die schadhafte Stelle finden
16. Stelle kennzeichnen
17. Schlauch abtrocknen
18. Schadstelle mit Sandpapier aufrauen
19. Gummilösung auftragen/antrocknen lassen
20. Schutzschicht vom Flicken lösen
21. Flicken fest aufdrücken

22. Überprüfen, ob der Schlauch jetzt dicht ist
23. Vorderrad in umgekehrter Reihenfolge wieder zusammenbauen (Wenn du schon einmal selbst einen Fahrradschlauch repariert hast, kannst du die einzelnen Arbeitsschritte natürlich viel genauer beschreiben!)
24. Probefahrt

Im Folgenden sind Teile von Berichten abgedruckt, und zwar jeweils der Übergang von der **Einleitung zum Hauptteil.**

25

a) Was fällt dir bei den verwendeten Zeiten auf?
b) Verbessere die fehlerhaften Sätze.

1. Nach einem Tauchversuch in einem Bremer Hallenbad musste ein 13-jähriger Junge ins Krankenhaus eingeliefert werden.
   Der Junge wettete mit seinen Kameraden, dass er zwei Minuten unter Wasser bleiben könne. Als er nicht mehr an die Wasseroberfläche zurückkam, ...
2. Gestern Nacht wurden aus einem Fachgeschäft in der Bonner Innenstadt kostbare Pelze im Werte von 300 000 € gestohlen.
   Die Täter hoben die Eingangstür aus den Angeln und drangen dann in die Verkaufsräume ein.
3. Drei Segler konnten den 110 Jahre alten Rekord für die Pazifik-Überquerung brechen.
   Die drei Sportler brachen am 3. August in Yokohama auf und legten die 7 300 km lange Strecke bis San Francisco in 17 Tagen zurück.
4. Schwere Kopfverletzungen erlitt ein Motorradfahrer, der in der Zeppelinstraße mit einem Kleinlaster zusammenstieß.
   Der 30-jährige Mann setzte keinen Helm auf, weil er nur eine Probefahrt machen wollte. ...
5. Eine Rentnerin wurde am Mittwoch von einem Radfahrer überfallen und beraubt.
   Die 66-jährige Hausfrau holte ihre monatliche Rente von der Bank ab und ging gerade die Sieglindenstraße entlang, als sich ein Radfahrer von hinten näherte und ...

Gedankliche Zusammenhänge

Der Leser eines Berichts erwartet, dass nicht nur einzelne Fakten aneinander gereiht werden, sondern er möchte auch erfahren, wie die einzelnen Informationen gedanklich zusammenhängen.
Im Folgenden kannst du solche **Verknüpfungsmöglichkeiten** („Konjunktionen") kennen lernen und üben.

Gründe und Ursachen

Die folgenden beiden Sätze stehen sehr zusammenhangslos nebeneinander:

Es herrschte dichter Nebel. Es kam zu zahlreichen Auffahrunfällen.

Um zu verdeutlichen, dass der Nebel der **Grund** bzw. die **Ursache** für die vielen Unfälle war, gibt es u. a. folgende Möglichkeiten:

- Es kam zu zahlreichen Auffahrunfällen;
  denn es herrschte dichter Nebel.
- **Da** dichter Nebel herrschte, kam es zu zahlreichen Auffahrunfällen.
- Es kam zu zahlreichen Auffahrunfällen,
  weil dichter Nebel herrschte.
- Es herrschte dichter Nebel. **Deshalb/Darum/Deswegen/Dadurch** kam es zu zahlreichen Auffahrunfällen.
- **Wegen/Aufgrund** des Nebels kam es zu zahlreichen Auffahrunfällen.

Tipp

Am Satzanfang sollte besser **„da" statt „weil"** verwendet werden.

26 Verknüpfe die folgenden Satzpaare, indem du möglichst viele der im Beispiel aufgeführten Möglichkeiten benutzt.

1. Eine 12-jährige Fahrradfahrerin wurde von einem Lieferwagen erfasst und schwer verletzt. Sie hatte die Vorfahrt missachtet.
2. Unser Stürmer wurde kurz vor dem Tor unfair gestoppt. Unsere Mannschaft erhielt einen Strafstoß zugesprochen.
3. Unsere Klasse wollte den Kindern in einem Dorf in Peru helfen. Wir beschlossen einen Flohmarkt zu veranstalten.
4. Der Bankangestellte reagierte nicht sofort auf die Forderung des Räubers. Der Täter bedrohte eine Kundin mit einer Pistole.
5. Peter erhielt einen kräftigen Stoß in den Rücken. Er stürzte die Treppe hinunter.
6. Straßen und Bahnstrecken waren mit Bäumen blockiert. Tausende von Pendlern kamen zu spät zur Arbeit.
7. Am Abend ließ der Sturm nach. Es wurde Entwarnung gegeben.
8. Marlies hatte ihre Geschichte am deutlichsten und am lebendigsten vorgelesen. Sie wurde mit dem ersten Preis ausgezeichnet.
9. Die Wandergruppe wollte noch vor Einbruch der Dunkelheit die Hütte erreichen. Sie nahm eine Abkürzung.
10. Es setzte dichtes Schneetreiben ein. Die Suche nach den Verunglückten musste abgebrochen werden.

Ziele, Zwecke, Absichten

Die folgende Situation ist so, wie sie beschrieben wird, durchaus verständlich. Dennoch wirst du spüren, dass sie etwas „zusammenhangslos“ wirkt:

Der Mopedfahrer musste in den Straßengraben ausweichen.
Er wollte einen Zusammenstoß vermeiden.

Der Zusammenhang wäre verständlicher, wenn der Leser deutlicher darauf hingewiesen würde, **weshalb** der Mopedfahrer in den Straßengraben gefahren ist.

Um die **Ziele, Zwecke, Absichten,** die hinter einer Handlung stehen, zu verdeutlichen, gibt es verschiedene sprachliche Mittel:

Der Mopedfahrer musste in den Straßengraben ausweichen
um einen Zusammenstoß **zu** vermeiden.

Der Mopedfahrer musste in den Straßengraben ausweichen,
damit er einen Zusammenstoß vermeiden konnte.

Der Mopedfahrer wollte einen Zusammenstoß vermeiden.
Deshalb/Deswegen/Dazu musste er in den Straßengraben ausweichen.

27 Verbinde die folgenden Angaben so, dass deutlich wird, **weshalb** und **wozu** die jeweilige Handlung diente. Benutze dabei die oben angegebenen sprachlichen Möglichkeiten.

1. Ich hielt den aufgepumpten Schlauch unter Wasser:
   Finden der schadhaften Stelle.
2. Eindringen in das verqualmte Gebäude:
   Einsatz von Atemschutzgeräten.
3. Unser Mitschüler wurde ins Krankenhaus gebracht:
   Genauere Untersuchung seiner Kopfverletzung.
4. Der Busfahrer hielt an. Er wollte die Personalien der randalierenden Burschen aufnehmen.
5. Die Feuerwehr musste ungefähr 30-mal ausrücken:
   Beseitigung umgestürzter Bäume/Sicherung abgedeckter Hausdächer.
6. Die beiden Jungen versteckten sich hinter zwei Mülltonnen:
   Beobachtung des Verdächtigen.
7. Unsere Mannschaft hatte die Tage zuvor sehr intensiv trainiert:
   Sieg bei der Schulmeisterschaft.

Folge und Ergebnis

Statt zu sagen:
„Ich geriet ins Schleudern, weil ich zu scharf bremste",
kann man auch sagen:
Ich bremste zu scharf, **sodass** ich ins Schleudern geriet.
Oder:
Ich bremste **so** scharf, **dass** ich ins Schleudern geriet.

Jetzt wird die **Folge** hervorgehoben, die mein scharfes Bremsen hatte.

Die Folge oder das Ergebnis einer Handlung wird ausgedrückt durch:

sodass – darum – daher – infolgedessen – folglich

28 Mache deutlich, dass die hervorgehobenen Sätze **als die Folge oder das Ergebnis** einer Handlung verstanden werden sollen.

1. Das Wetter verschlechterte sich immer weiter. **Wir beschlossen umzukehren.**
2. Kurze Zeit später stand das Treppenhaus in Flammen. **Die Bewohner der oberen Stockwerke konnten sich nicht selbst retten.**
3. Ich befand mich ganz in der Nähe der Unfallstelle. **Ich konnte genau beobachten, was sich abspielte.**
4. Der Motorenlärm war zu laut. **Er konnte unsere Warnung nicht hören.**
5. Wir hatten unseren Kompass zu Hause vergessen. **Wir mussten uns nach der Sonne orientieren.**
6. Petra und Klaus hatten die gleiche Stimmenzahl erreicht. **Es musste eine Stichwahl durchgeführt werden.**

7. Die Seilbahn war an diesem Tag außer Betrieb. **Wir mussten zu Fuß aufsteigen.**
8. Das Hochwasser hatte die Uferstraßen überflutet. **Die Innenstadt musste für den Autoverkehr gesperrt werden.**

Gegensatz

Will man ausdrücken, dass ein **Gegensatz** besteht, z.B. zu dem, was eigentlich zu erwarten wäre, oder dass man **etwas zugestehen**/einräumen muss, so können die folgenden Bindewörter verwendet werden:

aber – dagegen – dennoch – doch – obwohl – sondern – trotz – trotzdem – während – zwar

29 Verbinde mithilfe der obigen Wörter die folgenden Sätze so, dass sich vernünftige gedankliche Zusammenhänge ergeben:

1. Die Polizei leitete die Fahndung sofort ein. Die beiden Räuber konnten entkommen.
2. Der Junge betrat die Eisfläche. Diese zeigte wegen des Tauwetters schon Sprünge.
3. Ich stand frei vor dem Tor und schoss mit aller Kraft. Der Torwart konnte den Ball fangen.
4. Das Kind erlitt bei dem Zusammenprall schwere Verletzungen. Der Autofahrer hielt nicht an.
5. Die deutsche Nordseeküste wurde von einer schweren Sturmflut heimgesucht. Die Deiche hielten stand.
6. Das Wetter verschlechterte sich. Die Bergsteiger kehrten nicht um.

7. Unsere Mannschaft gab nicht auf. Sie kämpfte unverdrossen weiter.
8. Die meisten von uns wollten ins Kino gehen. Unser Lehrer schlug einen Besuch des Heimatmuseums vor.

Verben statt Nomen

Ein Merkmal der „Berichtsprache“ ist der so genannte „Nominalstil“, d. h., es werden häufig Substantive verwendet, die aus Verben abgeleitet sind. Wenn jedoch zu viele solcher Nomen aneinander gereiht werden und wenn dann noch die dazugehörigen Verben sehr „blass“ sind, wird die Sprache schwerfällig und manchmal auch unklar. Dies kann meist vermieden werden, indem man das Nomen wieder in einen verbalen Ausdruck zurückverwandelt.

statt: Durch einen heftigen Hagelsturm **kam** es gestern **zu einer weitgehenden Vernichtung** der Getreideernte im Landkreis Deggendorf.

besser: Gestern vernichtete ein heftiger Hagelsturm weitgehend die Getreideernte im Landkreis Deggendorf.

statt: **Beim unvorsichtigen Überqueren** der Schnellstraße erlitt ein 12-jähriger Schüler **schwere Verletzungen.**

besser: Ein 12-jähriger Schüler wurde schwer verletzt, als er die Schnellstraße unvorsichtig überquerte.

30 Ersetze im folgenden Text die fett gedruckten nominalen Ausdrücke durch die entsprechenden Verbformen bzw. auch durch Nebensätze.

LKW-Fahrer ohne Gebiss

Ein Lastwagenfahrer hat in der Nacht zum Freitag auf der Autobahn zwischen Mannheim und dem Viernheimer Dreieck den **Verlust seines Gebisses erlitten. Beim Ausspucken** eines Obstkerns durch das geöffnete Seitenfenster flog der Zahnersatz gleich mit hinaus. **Trotz sofortigen Anhaltens und Aussteigens** blieb seine Suche nach dem schmerzlich vermissten Stück vergeblich.
Nach einer Mitteilung des Regierungspräsidiums Darmstadt war einer Polizeistreife gegen 2.15 Uhr kurz vor dem Viernheimer Dreieck der auf

der Standspur stehende Lastzug aufgefallen. Die Polizeibeamten hielten **zur Feststellung** der Ursache sofort an. **Die Verständigung mit dem Fahrer erwies sich allerdings als äußerst schwierig,** weil der Mann nur sehr „gebrochene“ **Äußerungen machen konnte. Nach Überwindung** der Verständigungsschwierigkeiten **kam es zu einer Beteiligung** der Beamten an der Suche, doch **das Auffinden** des verlorenen Gebisses **gelang ihnen nicht.**
Der Lastwagenfahrer war **zur Fortsetzung** seiner Fahrt ohne den früheren Biss **gezwungen.** Die Polizei **hat die Vermutung,** dass es durch vorbeifahrende Autos **zur Zerstörung** des Gebisses **gekommen ist.**

Das unpersönliche „man"

Da Berichte in einem sachlichen, neutralen „Ton" geschrieben werden sollen, wird oft das unpersönliche „man" benutzt. Geschieht dies jedoch zu gehäuft, wirkt die Sprache monoton und auch ungenau.
statt:
Nach dem Unfall konnte man die Straße 3 Stunden lang nicht benutzen, können folgende andere **unpersönliche Ausdrucksweisen** eingesetzt werden:

- **Passiv:**
  Nach dem Unfall konnte die Straße 3 Stunden lang nicht benutzt werden.
  Das Passiv wird in Berichten sehr häufig verwendet, da es „sachlich" und „unbeteiligt" wirkt.
- **Verben mit „sich",** besonders: „sich (nicht) lassen":
  Nach dem Unfall ließ sich die Straße 3 Stunden lang nicht benutzen.
- **sein + zu + Grundform des Verbs:**
  Nach dem Unfall war die Straße 3 Stunden lang nicht zu benutzen.
- **sein + Eigenschaftswort:**
  Nach dem Unfall war die Straße 3 Stunden lang unbenutzbar.
- Wenn der „Täter" bekannt ist, kann natürlich auch die persönliche Ausdrucksweise, das **Aktiv,** gewählt werden:
  Die Autofahrer konnten nach dem Unfall die Straße 3 Stunden lang nicht benutzen.

31 Jetzt kannst du selbst versuchen diese verschiedenen unpersönlichen Ausdrucksweisen anzuwenden.
Fast immer gibt es mehr als eine gute Möglichkeit.

1. Man vermutet, dass man den Brand mit Absicht gelegt hat.
2. Man konnte das Nummernschild des Autos nicht erkennen.
3. Man alarmierte die Feuerwehr, weil man den Wespenschwarm nicht vertreiben konnte.

4. Bis jetzt hat man das Lösegeld noch nicht gefunden.
5. Die Absturzursache hat man noch nicht klären können.
6. Man befürchtet, dass man noch weitere Opfer finden wird.
7. Man kann den Sachschaden noch nicht abschätzen.
8. Man konnte den Zusammenstoß nicht vermeiden.
9. Man muss Tonnen von Schlamm entfernen, bevor man die Häuser wieder bewohnen kann.
10. Nachdem man erste Hilfe geleistet hatte, forderte man einen Rettungshubschrauber an.

Inhaltliche Genauigkeit durch Relativsätze

Mit Relativsätzen kann man zusätzliche Erklärungen und Informationen in einen Satz einbauen.

- **ungenau:** Nach dem Weitspringen musste ein Schüler von einem unserer Sanitäter bandagiert werden.

- **zusammenhangslos:** Nach dem Weitspringen musste ein Schüler von einem unserer Sanitäter bandagiert werden. Er hatte sich den rechten Knöchel verstaucht.

- **besser mit einem Relativsatz:** Nach dem Weitspringen musste ein Schüler, **der sich den rechten Knöchel verstaucht hatte,** von einem unserer Sanitäter bandagiert werden.

- **Vorsicht bei der Satzstellung!** Nach dem Weitspringen musste ein Schüler von einem unserer Sanitäter bandagiert werden, der sich den rechten Knöchel verstaucht hatte.

Tipp

Stelle den Relativsatz möglichst nahe an das Wort, auf das er sich bezieht!

32 Verwende Relativsätze um die in Klammern stehenden Informationen in die vorgegebenen Hauptsätze einzubauen.

1. Ein vierjähriger spanischer Junge hat es am vergangenen Wochenende geschafft, als blinder Passagier von der Insel Fuerteventura nach Düsseldorf zu fliegen.
   (Fuerteventura gehört zu den Kanarischen Inseln.)
2. Der Bub war unbemerkt von zu Hause ausgerissen.
   (Wohnt im Süden der Insel)

3. Vor einem Hotel stieg er in einen Bus. (Vater arbeitet in dem Hotel/mit dem Bus werden Touristen zum Flugplatz gebracht)
4. Schon während der einstündigen Busfahrt war niemand auf den kleinen Jungen aufmerksam geworden. (Reiste völlig allein)
5. Auf dem Flugplatz schloss er sich unauffällig einer Reisegruppe an. (Es herrschte Hochbetrieb)
6. Dann gelang es ihm, sich durch die Passkontrolle zu schmuggeln. (Die Beamten der Passkontrolle machten offensichtlich an diesem Tag nur Stichproben.)
7. Während seine Familie mithilfe der Polizei den Süden der Insel nach dem Ausreißer absuchte, schwebte der Kleine bereits in der Luft. (Seine Familie befürchtete schon das Schlimmste.)
8. Erst zwei Stunden nach dem Abflug wurde der blinde Passagier entdeckt. (In der Toilette versteckt)

Wie man Informationen kompakt verpackt: Partizipien als Adjektive

In Berichten wird häufig der Inhalt eines Relativsatzes knapper durch eine Partizipialkonstruktion wiedergegeben. Das Partizip wird hier wie ein Adjektiv verwendet:

Relativsatz:	Diesmal gewann Christine den Lesewettbewerb, der jährlich stattfindet.
Partizip I:	Diesmal gewann Christine den jährlich **stattfindenden** Lesewettbewerb.
Relativsatz:	Am Freitag fand unser Ausflug, den wir schon lange geplant hatten, statt.
Partizip II:	Am Freitag fand unser schon lange **geplanter** Ausflug statt.

Benutze solche Partizipialkonstruktionen besonders dann, wenn ein Satz durch zu viele Relativsätze unübersichtlich und schwerfällig wird.

33 Verbessere die folgenden Sätze, indem du mindestens einen Relativsatz in eine Partizipialkonstruktion umwandelst.

1. Der Autofahrer, der mit überhöhter Geschwindigkeit fuhr, übersah das Kind, das auf der Straße spielte.
2. Die Feuerwehr, die von einem Passanten benachrichtigt worden war, traf kurze Zeit später bei dem Haus, aus dem dichter Rauch quoll, ein.
3. Der Brand, der von Kindern, die zündelten, ausgelöst worden war, verursachte einen Schaden von 100 000 €.
4. Das Geld, das von den Schülern gesammelt worden war, wurde an eine Familie, die in Not geraten war, überwiesen.
5. Die Dörfer, die von der Außenwelt abgeschlossen waren, mussten von Hubschraubern, die von der Bundeswehr zur Verfügung gestellt wurden, versorgt werden.
6. Der Flohmarkt, der von der SMV organisiert worden war, wurde zu einem Erfolg, der alle Erwartungen übertraf.
7. Am späten Nachmittag wurde das Fußballspiel zwischen der Lehrermannschaft und einer Schülerauswahl ausgetragen, das mit großer Spannung erwartet worden war.
8. Mit einem Knall, der die Ohren betäubte, flog gestern Abend ein Kachelofen, der gerade neu eingebaut worden war, in die Luft. Der Sachschaden, der entstand, wird auf 30 000 € geschätzt.

Die indirekte Rede

Da ein Bericht sachlich und distanziert wirken soll, wird meist auf die wörtliche Rede verzichtet. Lebhafte Dialoge oder Ausrufe müssen ganz vermieden werden.
Soll eine wörtliche Aussage in einem Bericht wiedergegeben werden, so muss man die **indirekte Rede** verwenden. Die Regeln hierfür sind nicht ganz einfach, doch reichen für den Bericht meist die folgenden Formen aus:

Wörtliche Rede	**Indirekte Rede**
Er sagte: „Ich sah den Unfall." „Ich habe den Unfall gesehen."	Er sagte, dass er den Unfall **gesehen habe.**
Er sagte: „Wir/Sie sahen den Unfall." „Wir/Sie haben den Unfall gesehen."	Er sagte, dass sie den Unfall **gesehen hätten.**
Sie sagte: „Ich/Er wanderte nach Garmisch." „Ich bin/Er ist nach Garmisch gewandert."	Sie sagte, dass sie/er nach Garmisch **gewandert sei.**
Er sagte: „Wir/Sie fuhren zu schnell." „Wir/Sie sind zu schnell gefahren."	Er sagte, dass sie zu schnell **gefahren seien.**

Im Bericht verwendet man dabei vor allem die folgenden **redeeinleitenden Verben:**

behaupten – bestreiten – berichten – erklären – feststellen –
hoffen – melden – mitteilen – vermuten – versichern

3 Der Hauptteil

Die indirekte Rede wird in Berichten nur dann verwendet, wenn es wirklich genau auf den Wortlaut der ursprünglichen Aussage ankommt. Meist genügt es, nur den **Inhalt** dessen, was jemand gesagt hat, wiederzugeben.

Wörtliche Rede: Der Polizeisprecher sagte: „Wir vermuten, dass das Unglück durch menschliches Versagen verursacht worden ist.“

Indirekte Rede: Der Polizeisprecher teilte mit, dass vermutlich das Unglück durch menschliches Versagen verursacht worden sei.

Redebericht: Nach Auskunft/Mitteilung/Feststellung / Angaben der Polizei ist vermutlich menschliches Versagen die Ursache des Unglücks.

34

1. Wandle in dem folgenden Bericht die wörtliche Rede in indirekte Rede um.
2. Versuche all das, was der Beamte berichtet, in einem Satz zusammenzufassen, der so beginnt: Ursache des Brandes ist nach Angaben der Hamburger Polizei ...

Pferd setzt Scheune in Brand

Ein Pferd hat im Alten Land bei Hamburg mit seinem brennenden Schweif eine Scheune in Brand gesetzt.
Ein Polizeibeamter erklärte zu dem Vorfall: „Am Samstag hat ein 48 Jahre alter Mann versucht in dem Gebäude eine zugefrorene Wasserleitung mit einem Bunsenbrenner aufzutauen. Dabei fing der Schweif eines Pferdes Feuer. Als es in Panik davonstob, sind einige Strohballen in Brand geraten. Die Flammen griffen schnell auf den Dachstuhl der Scheune über. Der Bauer selber konnte den Brand nicht löschen, weil ja die Wasserleitung zugefroren war. Die Feuerwehr wurde dann aber schnell Herr der Flammen, sodass das Feuer nicht auf die umliegenden Gebäude übersprang. Auch das Pferd wurde gerettet."

3.3 Lösungen

1.

a) Sicherlich werden nicht alle deine Fragen in diesem Artikel beantwortet. Vielleicht hat der Reporter nicht alle Informationen erhalten oder es stand ihm nicht mehr Platz in der Zeitung zur Verfügung. Du solltest aber deine Fragen nochmals überprüfen und überlegen, ob das, was du erfahren wolltest, auch wirklich viele andere Zeitungsleser interessieren würde.

b) In der Einleitung erfährt man nur sehr allgemein, **dass** sich ein Unfall ereignet hat. Im Hauptteil wird genauer berichtet, **wie** es zu dem Unfall kam und **wie** der Junge gerettet wurde. Auch gibt es hier nähere Angaben zu Ort
12 und Zeit des Vorfalls sowie zu den beteiligten Personen.

2. Der Vorfall wird chronologisch berichtet, d.h. in der Reihenfolge, in der er sich tatsächlich abgespielt hat.

3. Welche Einzelheiten man in einen Bericht aufnimmt, hängt u.a. davon ab, inwieweit man selbst an dem Geschehen beteiligt war und mit welcher Absicht bzw. für welchen Zweck man den Bericht schreibt.

a) Ein beteiligter Schüler wird vermutlich genauer berichten, wie er den Unfall bemerkt und bei der Rettung mitgeholfen hat.

b) Der Sportlehrer wird vermutlich in seinen Unfallbericht aufnehmen, was in dieser Stunde unterrichtet werden sollte, welche Anweisungen er gegeben hatte, warum er den Unfall nicht sofort bemerkte, welche Verletzungen der Junge erlitten hat usw. Seine Absicht wird u.a. dabei sein zur Klärung der Schuldfrage beizutragen.

13 In dem Bericht bleibt offen, wer genau den Jungen angerempelt hat. Es wird auch nicht gesagt, ob es für diese Rempelei vielleicht einen bestimmten Grund gab. Wenn es keinen Anlass gab, hätte Ulrike schreiben können: „... rempelte ihn einer von beiden grundlos/ohne ersichtlichen Grund an ...“ Ulrike erwähnt auch nicht, wie sich die anderen Schüler (und möglicherweise auch anwesende Erwachsene) bei diesem Vorfall verhalten haben.

14 Gerade die für einen Bericht wichtigen Einzelheiten hat Christine offensichtlich nicht sehr genau erzählt.

1. Zumindest die folgenden Fragen müsste sie noch beantworten:
   - Wie und warum ist es zu dem Unfall gekommen? (Vermutlich durch Glatteis, da es am Vortag geregnet hat und es jetzt sehr kalt ist.)
   - Welche Verletzungen hast du dir genau zugezogen?
   - Welche Schäden sind an deinem Fahrrad entstanden?
2. Wichtig ist zunächst, was unmittelbar mit dem Hauptereignis zusammenhängt, doch genau hier sind Christines Informationen ungenau. Deshalb ist auch nicht zu entscheiden, ob es sich bei den Hinweisen auf die Handschuhe oder die Schultasche um wichtige Informationen handelt. Nur dann, wenn sie zum Unfall beigetragen haben, weil zum Beispiel die dicken Handschuhe beim Bremsen behinderten oder die schwere Schultasche Christine ins Schleudern brachte, dürfen und müssen sie in einem Bericht erwähnt werden.

→

3. Ob eine Information wichtig oder unwichtig ist, hängt auch davon ab, **für wen** und **für welchen Zweck** der Bericht geschrieben werden soll. Für das Hauptereignis ist es z. B. wenig wichtig, dass Christines Fahrrad ein neues Mountainbike mit 21 Gängen ist; wenn aber die Eltern einen Bericht für die Versicherung schreiben, würden sie dies natürlich genau angeben. Bei einem Bericht für die Krankenversicherung müssen dagegen die Verletzungen genau beschrieben werden und auch, ob jemand anderer den Unfall verschuldet hat. Die Schäden am Fahrrad würden hier keine Rolle spielen.

In der Nacht vom 9. auf den 10. Juli 200... versuchte im Zug München–Rom ein bisher unbekannter Täter einige Schülerinnen der 10. Klasse des Löhne-Gymnasiums zu bestehlen.

Die Schülerinnen, die sich auf einer Klassenreise nach Rom befanden, hatten sich kurz nach Mitternacht in ihrem Liegewagen schlafen gelegt. Da sie vom Schaffner vor einer im Zug auftretenden Diebesbande gewarnt worden waren, hatten sie vorher die Tür des Abteils von innen verriegelt. Dennoch
16 gelang es dem Dieb, in das Abteil einzudringen. Bevor er jedoch etwas entwenden konnte, wurde er von einem der Mädchen, das durch ein Geräusch aufgewacht war, entdeckt. Sie schrie laut auf, sodass auch die anderen Mädchen aufwachten und sofort das Licht einschalteten. Der Dieb konnte zwar fliehen, doch eines der Mädchen, das die Verfolgung aufgenommen hatte, konnte noch feststellen, dass der Täter etwa 1,60 m groß war und eine grüne wattierte „Bomberjacke“ trug.

Banküberfall verhindert

17 Gestern wurde in Windigen durch ein glückliches Missverständnis ein Banküberfall verhindert.
Der kleine Max A. spielte gerade vor der Vereinsbank in der Hauptstraße mit seinem Kreisel, als ihn ein Mann, der es sehr eilig hatte, in die Bank zu kommen, rücksichtslos umstieß. Während der kleine Junge noch auf dem Boden lag und weinte, kam sein Vater hinzu. Als dieser von dem Vorfall hörte, wurde er so wütend, dass ihn sein Sohn zu dem Rüpel in die Schalterhalle führen musste. Dort bedrohte der Mann gerade die Bankangestellten mit zwei Pistolen um die Herausgabe des gesamten Bargeldes zu erzwingen. In seinem Zorn bemerkte jedoch Herr A. nicht, was sich da abspielte. Kaum hatte ihm sein Sohn den Mann gezeigt, da packte Herr A. ihn und verpasste ihm eine so kräftige Ohrfeige, dass der Mann seine Schusswaffen fallen ließ und zu Boden ging. Während Herr A. noch den völlig überrumpelten Mann wegen seines flegelhaften Benehmens zurechtwies und ihm weitere Schläge androhte, kamen die Bankangestellten und auch einige Kunden hinzu und dankten Herrn A. für sein unerschrockenes Auftreten. Erst jetzt erfuhr Herr A., etwas erschrocken, in welch gefährlicher Situation er sich befunden hatte. Während die Polizei den Bankräuber abführte, wurde Herr A. begeistert als Held gefeiert.

18

1. unternehmen
2. wandern
3. Vorbereitungen treffen/aufbrechen; losmarschieren
4. fahren
5. einschlagen; folgen; nehmen; wählen
6. sich gabeln
7. wählen; einschlagen; folgen
8. abbiegen

→

9. ansteigen
10. überqueren, kreuzen
11. zurücklegen; /abkommen; abweichen
12. fortführen; fortsetzen
13. bahnen; sich schlagen durch/durchqueren
14. erreichen; gelangen zu; /führen/stoßen auf
15. überqueren
16. gelangen; erreichen/gut überstehen
17. den Rückweg antreten/einlegen

19

1. mit überhöhter Geschwindigkeit
2. versagt hatten
3. einhielt
4. ... scherte nach links aus
5. missachtete/übersah
6. erfasst/überrollt/angefahren/gestreift/überfahren
7. unübersichtlich
8. prallte/fuhr ... auf
9. kam ... ab
10. herrschte
11. einbog/abbog – anzuzeigen
12. geriet/kam ins Schleudern – verlor die Herrschaft/ Kontrolle – prallte/schleuderte gegen
13. vorfahrtsberechtigten
14. beging

20

1. absichern
2. leisten
3. stillen/anlegen
4. bergen
5. abgeben
6. einleiten/anfordern
7. versorgen

→

8. aufnehmen
9. feststellen
10. anfertigen
11. verursachen
12. benachrichtigen

21

1. melden
2. ausrücken
3. eintreffen
4. Hydranten
5. bekämpfen
6. ausfahren
7. vordringen
8. anlegen
9. erfassen
10. in Flammen stehen
11. eindämmen
12. Brandherde
13. ermitteln
14. abrücken/Brandwache zurücklassen

22

1. unachtsam
2. unerkannt
3. ungeklärter Ursache
4. unaufhaltsam
5. ungehindert
6. unwiederbringlich
7. unversucht
8. unbetretbar geworden
9. unverrichteter Dinge
10. unvermindertem Einsatz

23

1. zunächst, zuerst
2. anschließend, daraufhin, nun
3. bevor
4. dann, anschließend, darauf
5. nachdem
6. dann, darauf, anschließend
7. dann, darauf, anschließend
8. dann, schließlich, zum Schluss
9. anschließend
10. während
11. endlich
12. als, während
13. anschließend
14. nachdem

25

Der Übergang von der Einleitung zum Hauptteil muss hier durch einen Zeitenwechsel „markiert" werden, weil man im Hauptteil wieder mit dem beginnt, was vorher geschehen ist. Wenn die Einleitung im Präteritum steht, muss der erste (Teil-)Satz des Hauptteils im Plusquamperfekt stehen. Im weiteren Verlauf wechselt man dann wieder ins Präteritum über.

1. Der Junge hatte ... gewettet, ...
2. Die Täter hatten ... gehoben und waren ... eingedrungen.
3. Die drei Sportler waren ... aufgebrochen und hatten ... zurückgelegt.
4. Der 30-jährige Mann hatte keinen Helm aufgesetzt, weil ...
5. Die Hausfrau hatte ... abgeholt und ging ...

29

1. Obwohl die Polizei sofort die Fahndung einleitete, konnten ...
   Zwar leitete die Polizei sofort die Fahndung ein, doch/aber ...
2. Die Jungen ..., obwohl diese ...
3. Ich stand ..., doch/aber ...
4. Obwohl das Kind ... /Dennoch/Trotzdem
5. ... Trotzdem hielten die Deiche stand.
6. Obwohl ...
7. ..., sondern
8. Während die meisten von uns ins Kino gehen wollten, schlug der Lehrer einen Besuch des Heimatmuseums vor.
   Die meisten von uns wollten ..., der Lehrer dagegen schlug ... vor.

30

Ein Lastwagenfahrer hat ... sein Gebiss verloren. Als er einen Obstkern ausspuckte, flog ... Obwohl er sofort anhielt und ausstieg, ...
Wie das Regierungspräsidium ... mitteilte, ... Die Polizeibeamten hielten sofort an um die Ursache festzustellen. Es erwies sich allerdings als äußerst schwierig, sich mit dem Fahrer zu verständigen, weil der Mann sich nur „gebrochen" äußern konnte. Nachdem die Verständigungsschwierigkeiten überwunden waren, beteiligten sich die Beamten an der Suche, doch es gelang ihnen nicht, das verlorene Gebiss aufzufinden.
Der Lastwagenfahrer musste seine Fahrt ohne den früheren Biss fortsetzen. Die Polizei vermutet, dass vorbeifahrende Autos das Gebiss zerstört haben.

1. Es wird vermutet/Es ist zu vermuten, dass der Brand mit Absicht gelegt wurde. Vermutlich wurde der Brand …
2. Das Nummernschild konnte nicht erkannt werden/ließ sich nicht erkennen/war nicht zu erkennen.
3. Da sich der Wespenschwarm nicht vertreiben ließ, wurde die Feuerwehr alarmiert.
4. Das Lösegeld ist bis jetzt noch nicht gefunden worden./ ist bis jetzt unauffindbar (geblieben)/...
5. Die Absturzursache konnte bis jetzt noch nicht geklärt werden/hat sich bis jetzt noch nicht klären lassen/ist bis jetzt noch ungeklärt.

31

6. Es ist zu befürchten/Es muss befürchtet werden, dass noch weitere Opfer gefunden werden.
7. Der Sachschaden lässt sich noch nicht abschätzen/kann noch nicht abgeschätzt werden.
8. Der Zusammenstoß konnte nicht vermieden werden/war nicht zu vermeiden/ließ sich nicht vermeiden/war unvermeidlich ...
9. Tonnen von Schlamm müssen entfernt werden/sind zu entfernen, bevor die Häuser wieder bewohnt werden können/bevor sich die Häuser wieder bewohnen lassen/bevor die Häuser wieder bewohnbar werden.
10. Nachdem erste Hilfe geleistet worden war, wurde ein Rettungshubschrauber angefordert.

32

1. ..., als blinder Passagier von der Insel Fuerteventura, die zu den Kanarischen Inseln gehört, ...
2. Der Bub, der im Süden der Insel wohnt, ...
3. Vor dem Hotel, in dem sein Vater arbeitet, stieg er in den Bus, mit dem Touristen zum Flugplatz gebracht werden.
4. ... kleinen Jungen, der völlig allein reiste, ...
5. Auf dem Flugplatz, auf dem Hochbetrieb herrschte, ...
6. ... durch die Passkontrolle, deren Beamte an diesem Tag offensichtlich nur Stichproben machten, ...
7. Während seine Familie, die schon das Schlimmste befürchtete, ...
8. ... der blinde Passagier, der sich in der Toilette versteckte, ...

33

1. Der mit überhöhter Geschwindigkeit **fahrende** Auto**fahrer** (weniger schön, deshalb Relativsatz besser stehen lassen!) übersah das auf der Straße spielende Kind.
2. Die von einem Passanten benachrichtigte Feuerwehr traf kurze Zeit später bei dem Haus, aus dem ..., ein.
3. Der von zündelnden Kindern ausgelöste Brand ...
4. Das von den Schülern gesammelte Geld wurde an eine in Not geratene Familie überwiesen.
5. Die von der Außenwelt abgeschlossenen Dörfer mussten von Hubschraubern, die ..., versorgt werden.
6. Der von der SMV organisierte Flohmarkt wurde zu einem alle Erwartungen übertreffenden Erfolg.
7. Am späten Nachmittag wurde das mit großer Spannung erwartete Fußballspiel ...
8. Mit einem ohrenbetäubenden Knall flog gestern Abend ein gerade neu eingebauter Kachelofen in die Luft. Der entstandene Sachschaden wird auf 30 000 € geschätzt.

1. Ein Polizeibeamter erklärte dazu, dass ... ein Mann ver-
sucht habe, ... aufzutauen. Dabei habe der Schweif ... Feu-
er gefangen. Als es ... davongestoben sei, seien einige Stroh-
ballen in Brand geraten. Die Flammen hätten schnell ...
34 übergegriffen. Der Bauer ... habe den Brand nicht löschen
können, weil ja ... zugefroren gewesen sei. Die Feuerwehr
sei ... Herr der Flammen geworden, sodass das Feuer nicht
... übergesprungen sei. Auch das Pferd sei gerettet worden.
2. Ursache des Brandes ist nach Angaben der Hamburger Polizei eine Verkettung unglücklicher Umstände gewesen.

Kapitel 4

Der Schluss

4.1 Schlusssätze und ihre Inhalte

Der Schluss bei Berichten fällt meist **sehr knapp** aus. Er umfasst oft nur 1–2 Sätze, manchmal fehlt er auch ganz.

Der Schluss

- *geht auf **Hintergründe** und **Ursachen** ein.*
- *informiert über die tatsächlichen oder möglichen **Folgen** und **Ergebnisse**.*
- *gibt einen **Ausblick**, in dem Hoffnungen und Befürchtungen geäußert werden können.*
- *dient der **Abrundung** des Berichts.*

35 Lies die folgenden Schlusssätze von Berichten und überlege, welche Aufgaben sie erfüllen. Trage die Nummern der Sätze in die entsprechenden Zeilen ein. Manchmal lässt sich ein Satz mehreren Möglichkeiten zuordnen.

a) **Hintergründe und Ursachen** . . . .

b) **Folgen und Ergebnisse** . . . .

c) **Ausblick und Abrundung** . . . .

1. Auf der Polizeiwache stellte sich heraus, dass der Verhaftete schon seit langem wegen verschiedener anderer Verbrechen gesucht wurde.
2. Nach diesem beeindruckenden Sieg hoffen nun die Fans, dass sich die Erfolgsserie ihrer Mannschaft fortsetzen wird. →

3. Die Polizei nahm sofort die Fahndung auf. Sie hofft mithilfe der am Unfallort gefundenen Spuren den flüchtigen Fahrer bald zu ermitteln.
4. Nach den bisherigen Schätzungen wird der Schaden deutlich über 200 000 € liegen.
5. Der Grund für den misslungenen Start war vermutlich das Versagen eines der drei bereits gezündeten Haupttriebwerke.
6. Nach Auskunft des Arztes sind die Verletzungen so schwer, dass der Schüler bis auf weiteres dem Unterricht fernbleiben muss.
7. Der begeisterte Applaus, mit dem die Vorstellung gefeiert wurde, wird sicherlich unsere Theatergruppe darin bestärken, weitere Aufführungen vorzubereiten.
8. Nach Polizeiangaben war der Junge schon öfter wegen schulischer Probleme von zu Hause ausgerissen.

Die folgenden Verben werden häufig im Schlussteil von Berichten gebraucht:

Wortfelder/Wortschatz

(Schaden) anrichten – (Verfolgung) aufnehmen – (davon) ausgehen – auslösen – (Belohnung) aussetzen – auszeichnen – sich belaufen auf – belohnen – betragen – einleiten – entstehen – erbringen – ehren – (sich) ergeben – erhalten – erzielen – feststellen – führen zu – sich herausstellen – liegen bei – vermuten – verursachen – zu Schaden kommen – zur Folge haben – ... ist zurückzuführen auf ...

36 Schreibe mithilfe der folgenden Stichpunkte Schlusssätze und benutze dabei Verben aus der obigen Wortliste.

1. Sachschaden/nach Schätzung der Feuerwehr/mindestens 500 000 €
2. für die Aufklärung der Straftat/die betroffene Bank/eine Belohnung von 2 000 €
3. die Polizei/noch mehr Einbrüche/auf das Konto der beiden Jugendlichen/gehen
4. die Polizei/die Fahndung/nach dem Unfallflüchtigen
5. die Befragung von Zeugen/dass/der Autofahrer/zu schnell/fahren
6. der Sieger des Turniers – Urkunde und Pokal
7. unser Flohmarkt – ein Gewinn von 347,50 €
8. ein defekter Hahn – Wasserschaden
9. das Unwetter – einen Sachschaden von vermutlich mehr als 1 Million Euro
10. der Unfall – eine dreistündige Vollsperrung der Autobahn

Am Ende eines Berichts werden häufig **Vermutungen** geäußert. Dies kann auf verschiedene Weisen geschehen:

Wortfelder/Wortschatz

Der Täter ist	wahrscheinlich möglicherweise offenbar anscheinend vermutlich	ins Ausland geflohen.
Die Polizei/ Man	hält für möglich geht davon aus vermutet nimmt an glaubt schloss nicht aus	, dass der Täter ins Ausland geflohen ist.
Der Täter	könnte soll dürfte muss	ins Ausland geflohen sein.

37 Mache deutlich, dass es sich bei den folgenden Feststellungen um Vermutungen handelt. Benutze dabei möglichst viele der oben aufgeführten Möglichkeiten.

1. Der Verhaftete hat noch weitere Brände gelegt.
2. Das Unglück wurde durch menschliches Versagen verursacht.
3. Es wird noch Monate dauern, bis die Schäden behoben sind.
4. Nach diesem großartigen Erfolg wird unsere Mannschaft das Finale erreichen.
5. Die beiden Ausreißer sind per Anhalter nach Italien gefahren.
6. Der Alarm wurde durch einen Vogel, der sich in das Schulgebäude verirrt hatte, ausgelöst.
7. In den Ruinen der verschütteten Häuser befinden sich noch Überlebende.
8. Der Fahrer stand unter Alkoholeinfluss.

38 Am Ende eines Berichts wird häufig „menschliches Versagen“ als Ursache für ein Unglück angegeben. Was kann sich dahinter verbergen?

Vervollständige die folgenden Wörter, indem du die passenden Vorsilben davor stellst. Schreibe die entsprechenden Adjektive daneben.

1.	....	achtsamkeit	....
2.	....	lässigkeit	....
3.	....	sinn	....
4.	....	lässigkeit	....
5.	....	überschätzung	....
6.	....	sichtslosigkeit	....
7.	....	erfahrenheit	....
8.	....	mut	....
9.	....	streutheit	....
10.	....	antwortungslosigkeit	....

Fahr-, Leicht-, Nach-, Rück-, Selbst-, Über-, Un-, Un-, Ver-, Zer-

4.2 Lösungen

35 **a)** 1; 5; 8; **b)** 3; 4; 6; 7; **c)** 2; 3; 7;

1. Der Sachschaden beträgt/beläuft sich/liegt nach Schätzung der Feuerwehr (auf/bei) mindestens 500 000 €.
2. Für die Aufklärung der Straftat hat die betroffene Bank eine Belohnung von 2 000 € ausgesetzt.
3. Die Polizei vermutet/geht davon aus, dass ...
4. Die Polizei nahm die Fahndung nach dem Unfallflüchtigen auf.
5. Die Befragung von Zeugen ergab, dass der Autofahrer zu schnell gefahren war.
6. Der Sieger des Turniers wurde mit einer Urkunde und
36 einem Pokal geehrt/ausgezeichnet/belohnt.
7. Unser Flohmarkt erbrachte/erzielte einen Gewinn von 347,50 €.
8. Der Wasserschaden war von einem defekten Hahn verursacht worden.
Ein defekter Hahn hatte zu dem Wasserschaden geführt.
Der Wasserschaden ist auf einen defekten Hahn zurückzuführen.
9. Das Unwetter verursachte/führte zu/richtete ... an/
10. Der Unfall hatte ... zur Folge/verursachte/löste ... aus/führte zu .../

1. Unachtsamkeit/unachtsam
2. Nachlässigkeit/nachlässig
3. Leichtsinn/leichtsinnig
4. Fahrlässigkeit/fahrlässig
38 **5.** Selbstüberschätzung/–
6. Rücksichtslosigkeit/rücksichtslos
7. Unerfahrenheit/unerfahren
8. Übermut/übermütig
9. Zerstreutheit/zerstreut
10. Verantwortungslosigkeit/verantwortungslos

Kapitel 5

Gesamtaufgaben

5.1 Aufgaben

Nach den Einzelübungen der vorangegangenen Kapitel findest du hier Aufgabenstellungen, die von dir verlangen, ganze, zusammenhängende Berichte zu schreiben.

39 Schreibe mithilfe der folgenden Kurznotizen einen zusammenhängenden Bericht. Du darfst dabei die Wortarten verändern (z. B. Substantive in Verben umwandeln und umgekehrt) und du musst auch manchmal Wörter selbst ergänzen.
Achte besonders auf die richtigen Zeiten und die sinnvolle Verknüpfung der Sätze.
Teile deinen Bericht in Absätze ein und suche eine passende Überschrift. →

1. Mittwoch (2. Januar 200..., ca. 15.00 Uhr)
   Schüler, 14 Jahre alt, aus Neubach
   Spiel mit einem Sprengkörper, selbst gebastelt
   schwere Verletzungen
2. Fund einer leeren Patronenhülse (Kaliber 10 mal 53)
   in einem Waldstück (Nähe Altbacher Straße)
3. Idee, einen Sprengkörper zu basteln
4. Füllen der Hülse mit Schwarzpulver (aus Feuerwerkskörpern, von Silvester übrig geblieben)
   Verschließen/Abdämmen der Hülse
5. Eingraben des Sprengkörpers in kleinen Erdhügel
   Anzünden der Zündschnur/kein Erfolg
6. nach kurzem Warten: Ausgraben der Patrone:
   Grund für den misslungenen Zündversuch???
7. Explosion der Patrone in der Hand des Jungen
   Verletzungen (Metallsplitter): Gesicht, rechte Hand
8. zufällig vorbeifahrende Funkstreife: erste Hilfe/ Krankenhaus
9. Angaben der Polizei: keine weiteren Schäden
   möglicherweise strafrechtliche Folgen:
   Vergehen gegen das Sprengstoffgesetz
   schon häufig mit Feuerwerkskörpern gespielt

40 Ein Korrespondent/Lokalreporter der Stadt-Zeitung hat in der Redaktion angerufen und von einem Großbrand berichtet. Ein Redakteur hat den mündlichen Bericht in Stichpunkten notiert und muss jetzt einen zusammenhängenden Bericht verfassen.

1. Forme die einzelnen Notizen in vollständige Sätze um.
2. Jetzt verknüpfe die einzelnen Sätze zu einem zusammenhängenden Text.

(Millionenschaden bei Großbrand in Fahrradfabrik)

- 22. 1. 200...: Großfeuer bei Kynast AG – einer der bedeutendsten Fahrrad- und Rasenmäherproduzenten Europas – Schaden in Millionenhöhe

- Ausbruch des Brandes im Lagerkeller des Unternehmens (im niedersächsischen Quakenbrück) – am Dienstagabend
- Einsatz der Feuerwehr: Brand erst nach 15 Stunden unter Kontrolle
- erhebliche Erschwerung der Löscharbeiten durch starke Rauch- und Hitzeentwicklung
- bei Löscharbeiten mehrere Feuerwehrmänner leicht verletzt
- etwa 30 000 Fahrradreifen sowie Schaumstoffauflagen für Gartenmöbel verbrannt
- Bevölkerung durch Polizei aufgefordert: Fenster und Türen geschlossen halten
- ein Polizeisprecher: keine giftigen Gase
- Belästigung der Anwohner durch starke Rußbildung
- Ursache des Brandes noch unbekannt

41 Lies zunächst den folgenden Brief:

Oberhaching, den 6. Juli 2001

Lieber Dieter!
Stell dir nur vor, was ich vorgestern erlebt habe! Einen richtigen Banküberfall! Es war wie in einem Krimi, und ich bin jetzt noch ganz aufgeregt, wenn ich daran denke. Weil ich so gut aufgepasst habe und der Polizei wichtige Hinweise geben konnte, wurde der Räuber schon kurze Zeit später geschnappt. Am gleichen Abend ist dann noch der Bankdirektor persönlich bei uns vorbeigekommen und hat mir ein Sparbuch über 500 € gegeben. Toll, was?!!
Es fing damit an, dass ich am Freitag nicht gleich nach der Schule nach

Hause ging. Wir hatten nämlich früher freibekommen – hitzefrei, und das am Gymnasium Oberhaching! –, und weil ja bald mein Geburtstag ist, wollte ich mir noch das Spielzeuggeschäft in der Bahnhofstraße anschauen.
Nachdem ich die dort ausgestellten Modelleisenbahnen ausgiebig betrachtet hatte, schaute ich – es muss so gegen 11.30 Uhr gewesen sein – zufällig zur Kreissparkasse rüber, vor der nur ein schwarzer VW Golf parkte. Plötzlich wurde die große, gläserne Pendeltür von der Bank aufgerissen, und ein Mann mit einer schweren Einkaufstüte aus Plastik rannte zu dem VW, riss die Tür auf, sprang hinein und raste mit quietschenden Reifen davon. Der Mann fiel mir deshalb besonders auf, weil er eine blaue Pudelmütze trug und einen dunklen Schal um Mund und Nase gewickelt hatte, und das bei **der** Hitze!
Da musste etwas passiert sein! Ich rannte über die Straße und wollte gerade die Schalterhalle betreten, als mir schon der Kassierer, Herr Weber,

entgegenstürzte. „Überfall! Überfall!“, schrie er ganz verzweifelt. Da kam auch schon ein Streifenwagen der Polizei mit Blaulicht und Sirene angerast. Herr Weber – er wohnt übrigens zwei Häuser weiter von uns – hatte nämlich gleich nach dem Überfall den Alarmknopf gedrückt.
„Hat jemand etwas beobachten können?“, fragte einer der Polizeibeamten die Leute, die jetzt vor dem Bankgebäude standen. Ich drängelte mich vor und sagte, dass ich alles gesehen hatte. Ich war so aufgeregt, dass ich nur stottern konnte. Aber ich hatte mir das Kennzeichen gemerkt (M – L 7636) und konnte auch den Wagentyp angeben. Dann erinnerte ich mich noch, dass der Mann sehr schlank und ziemlich groß war, größer als mein Vater, und der ist 1,85 m, und dass er einen hellgrauen Anzug anhatte. Ich sagte noch, dass er meiner Meinung nach in Richtung Sauerlach geflüchtet sei.
Nachdem der Polizist schnell über Funk die Meldung durchgegeben hatte, befragte er noch den Kassierer. Es stellte sich heraus, dass der Räuber eine Pistole auf ihn gerichtet und das vorhandene Bargeld verlangt hatte. Der Räuber hat dann die Scheine und Münzen in die Plastiktüte gepackt. Der Kassierer musste ihm das Geld geben, weil der Kassenraum noch nicht mit schussfesten Scheiben gesichert ist.
Ich habe dann noch meine Adresse angegeben und bin nach Hause gegangen. Meine Mutter wollte mir meine Geschichte nicht so recht glauben und hat erst geschimpft, dass ich so spät zum Essen gekommen bin. Am Nachmittag hat mich aber dann die Polizei angerufen und in die Wache gebeten. Dort wurde ich dann zu dem Überfall befragt und es wurde ein Protokoll geschrieben. Dabei habe ich dann auch erfahren, dass die Polizei den Verbrecher tatsächlich kurz vor Sauerlach erwischt hatte. Als nämlich der Mann bemerkte, dass ein Streifenwagen hinter ihm her war, fuhr er so schnell, dass er in einer Kurve ins Schleudern kam und im Straßengraben landete. Die Polizei konnte ihn jetzt ohne Mühe verhaften. Und die ganze Beute, ungefähr 10 000 €, war auch noch da. In dem Plastikbeutel wurde dann auch die Tatwaffe gefunden – eine Spielzeugpistole!
Damit du nicht glaubst, dass ich die ganze Geschichte nur erfunden habe, lege ich dir den Zeitungsbericht darüber bei. Der 12-jährige Karl H., der dort erwähnt wird – das bin natürlich ich!

Herzliche Grüße
dein Karl

5 Gesamtaufgaben

Am Ende seines Briefes erwähnt Karl einen Zeitungsbericht über sein Erlebnis. Stelle in Stichworten zusammen, was in diesem Zeitungsartikel gestanden haben könnte. Gehe dabei so vor:

1. Suche zunächst mithilfe der Berichtfragen **Wer Was Wann Wo** die wichtigsten Grundinformationen heraus.
2. Stelle eine Liste der Einzelheiten zusammen, die deiner Meinung nach im Hauptteil des Zeitungsberichts erwähnt werden müssten. Beachte dabei die **Grundfragestellung: Wie hat sich das Ereignis abgespielt?**
3. Schreibe jetzt mithilfe deiner eigenen Notizen den Zeitungsbericht, den Karl am Ende seines Briefes erwähnt.
   Suche eine passende Überschrift und schicke dem Bericht eine Überblickinformation voraus.

42 Am 13. 12. 2001 um 22.11 Uhr läutet in der Einsatzzentrale der Berufsfeuerwehr in München das Telefon:

Anrufer: Kommen Sie schnell her!!! Hier brennts!!!

Feuerwehr: Wo? Bitte machen Sie genaue Angaben.

Anrufer: Hier, in der Holzstraße 14. Ich kanns genau von der Telefonzelle aus sehen. Aus einem Fenster in 1. Stock kommen Flammen und Rauch.

Feuerwehr: Wir kommen sofort. Alarmieren sie inzwischen die Bewohner.

Nach Beendigung der Löscharbeiten spricht ein Reporter mit dem Einsatzleiter, Herrn Oberbranddirektor K. Seeger. Hier einige seiner Notizen:

- um 22.16 Uhr am Einsatzort
- Alarmstufe 4 – Menschenleben in Gefahr
- Anforderung von Verstärkung, Notarztwagen, Polizei
- Bergung von drei Frauen und zwei Männern von der Straßenseite aus (mit Drehleitern)
- drei Personen (zwei Männer/eine Frau) von der Hofseite aus gerettet – Einsatz der Drehleitern hier nicht möglich/ zu enge Toreinfahrt
- ein Hausbewohner mit Rauchvergiftung und leichten Brandverletzungen ins Krankenhaus rechts der Isar
- 22.47 Uhr: alle Hausbewohner in Sicherheit – Feuer in Gewalt
- Insgesamt 55 Feuerwehrmänner im Einsatz
- Schaden (geschätzt): ungefähr 200 000 €
- Unterbringung der Hausbewohner im Großrettungswagen der Feuerwehr
- zur Brandbekämpfung: 3 B-Rohre, 4 C-Rohre, Schaumlöscher
- Brandursache: Kurzschluss im Treppenhaus??? In einer Wohnung???

Ein Hausbewohner (Franz Mühlbauer, Rentner) erzählt einem Reporter:

Dass ich auf meine alten Tage – ich werd bald 71 – noch so was erleben muss! Aber der Lumpi, der wo mein Dackel ist – so ein lieber Kerl und so klug –, der hat schon was gemerkt. Wie ich nach dem Fernsehen ins Bett gegangen bin –, es hat eh nichts Gescheites gegeben –, da hat er so komisch geknurrt – ich konnt kaum einschlafen. Und dann hab ich die Sirenen gehört. Erst hab ich mir nichts weiter gedacht, es passiert ja so viel

heutzutage, mit den Autos und so. Die fahren ja wie verrückt, wir alten Leut können ja kaum noch auf die Straße gehn. Aber die Sirenen haben gar nicht aufgehört, und der Hund hat laut gebellt, und da hab ich mir gedacht: „Gehst halt mit dem Lumpi noch mal Gassi. Mal sehn, was schon wieder los ist.“ Gern hab ich das nicht gemacht, ich wohn ja hier ganz oben, im 4. Stock. Aber vom Fenster aus kann ich nichts sehen – meine Wohnung geht ja zum Hof raus – ist ja auch viel ruhiger. Ich hab mich also schnell angezogen und wollte runtergehen, aber da hab ichs gesehen: Das ganze Treppenhaus hat gebrannt, bis zum Dachgeschoss war alles voll Feuer und Rauch. Kein Wunder in dem alten Haus, wo doch die Treppen noch aus Holz sind. Da hab ich jedenfalls nicht runterkönnen. Was sollte ich nur tun? Ich hab zum Hof raus um Hilfe geschrien und da sind auch schon die Feuerwehrmänner gekommen. Die haben Leitern hergetragen, aber die waren viel zu kurz. Dann habens die Leitern auf das Dach von den Garagen gestellt und dann gings. Ein Feuerwehrmann hat mich auf dem Rücken runtergetragen. Und meinen Hund habens' dann auch noch geholt. Mei, war ich froh, als wir beide drunten waren! Dann mussten's noch die Meiers aus dem 3. Stock retten, die konnten ja auch nimmer aus der Wohnung. Nur gut, dass die Feuerwehr so schnell gekommen ist, wir wären sonst bestimmt alle verbrannt oder erstickt ...

Im Krankenhaus gibt ein Hausbewohner (Karl Hofer, 35 Jahre alt) der Polizei zu Protokoll:

Ich wohne in dem Einzimmerapartment im 1. Stock. So gegen 9.00 Uhr wollte ich mir noch einen Tee machen. Ich habe in der Küche den Tauchsieder eingeschaltet und den Topf auf den Tisch gestellt. Dann bin ich ins Wohnzimmer gegangen um noch Zeitung zu lesen. Dabei muss ich wohl eingeschlafen sein. Ich bin aufgewacht, weil das Zimmer voller Rauch war. Ich lief in die Küche, aber da brannte schon alles lichterloh. Auch die Wohnungstür hatte schon Feuer gefangen, sodass ich meine Wohnung nicht verlassen konnte. Ich hab noch versucht die Flammen zu ersticken, aber das hat nichts mehr genützt. Ich habe mir dabei nur die Hände verbrannt. Als ich wegen dem Rauch nicht mehr atmen konnte, bin ich zum Fenster gerannt und habe um Hilfe gerufen. Auch die Leute über mir haben sich aus den Fenstern gebeugt und laut geschrien. Es war schrecklich. Aber dann ist ja gleich die Feuerwehr gekommen ...

Schreibe mithilfe des vorgegebenen Materials einen sachlichen Bericht, der am nächsten Tag in einer Zeitung erscheinen könnte.
Das Material soll, soweit es dir notwendig erscheint, verwendet, zusammengefasst und ausgewertet werden. Gegen sinnvolle Ergänzungen ist nichts einzuwenden, doch dürfen die Fakten selbst nicht geändert werden.
Achte auf einen klaren Aufbau, genaue, treffende Formulierungen und eine zusammenhängende Darstellung.
Dein Bericht muss eine **Überschrift** haben und eine **Überblickinformation** aufweisen.

Tipp

1. Suche mit den folgenden Fragestellungen aus den Texten die wichtigsten Informationen heraus:
- Welches ist das Hauptereignis?
  Fasse es in einem Satz zusammen.
- Wo ereignete sich der Vorfall?
  Wo brach – vermutlich – das Feuer aus?
  Sammle weitere Ortsangaben, die für die Beschreibung des Geschehens wichtig sind.
- Wann spielte sich der Vorfall ab? Sammle die Zeitangaben und werte sie aus, z. B.:
  Wie lange dauerte es, bis die Feuerwehr am Einsatzort ankam?
  Wie lange brauchte die Feuerwehr um das Feuer zu löschen?
- Wer war an dem Vorfall beteiligt?
- Wie verliefen die Lösch- und Rettungsarbeiten?
  Notiere in Stichpunkten die wichtigsten Einzelheiten und beantworte auch die folgenden Fragen:
  Warum war die Situation für die Hausbewohner so gefährlich?
  Wodurch wurden die Rettungsarbeiten erschwert?
- Wie war es – vermutlich – zu dem Unglück gekommen?
  (= „Vorgeschichte")
- Welche Folgen hatte der Brand?

2. Ordne deine Stichpunkte nach dem **zeitlichen** Ablauf.

3. Überlege dir vor der Niederschrift, wie du deinen Bericht aufbauen möchtest. Folgende Möglichkeiten bieten sich an:
- Überblickinformation – Vorgeschichte – Hauptereignis – Folgen/Auswirkungen
  oder:
- Überblickinformation – Hauptereignis – Folgen/Auswirkungen – Vorgeschichte

5.2 Lösungen

Überschrift:
Patrone explodiert in der Hand eines Jungen.
14-jähriger Junge durch selbst gebastelte Patrone verletzt.
Einleitung:
Am Mittwochnachmittag erlitt ein 14-jähriger Schüler aus Neubach beim Spielen mit einem selbst gebastelten Sprengkörper schwere Verletzungen.
Schwere Verletzungen fügte sich ein 14-jähriger Schüler aus Neubach zu, als er am Mittwochnachmittag mit einem selbst gebastelten Sprengkörper spielte.
Hauptteil:
Der Junge hatte in einem Waldstück in der Nähe der Altbacher Straße eine leere Patronenhülse vom Kaliber 10 mal 53 gefunden. Dies brachte ihn auf die Idee einen Sprengkörper zu basteln. Aus Feuerwerkskörpern, die noch von Silvester übrig geblieben waren, entnahm er das Schwarzpulver, füllte die
39 Hülse damit und dämmte sie ab. Dann vergrub er den Sprengkörper in einem kleinen Erdhügel und zündete die Zündschnur an. Da die erwartete Explosion jedoch ausblieb, grub der Junge die Patrone wieder aus um den Grund der „Fehlzündung“ herauszufinden. Genau in diesem Augenblick explodierte die Hülse in seiner Hand. Der Junge wurde dabei von Metallsplittern im Gesicht und an der rechten Hand verletzt. Eine zufällig vorbeifahrende Funkstreife leistete dem Jungen erste Hilfe und ließ ihn dann ins Krankenhaus bringen.
Schlussteil:
Nach Angaben der Polizei sind durch die Explosion keine weiteren Schäden entstanden. Der gefährliche Bubenstreich wird aber möglicherweise strafrechtliche Folgen haben. Der Junge, der schon öfter durch seinen leichtsinnigen Umgang mit Feuerwerkskörpern aufgefallen ist, kann wegen eines Vergehens gegen das Sprengstoffgesetz zur Rechenschaft gezogen werden./

→

Die Explosion hat nach Angaben der Polizei keine weiteren Schäden angerichtet. Der Junge, dessen Vorliebe für das Basteln von Feuerwerkskörpern/für das Spielen mit Feuerwerkskörpern bekannt ist, muss allerdings damit rechnen, dass er sich wegen eines Vergehens nach dem Sprengstoffgesetz verantworten muss.

Ein Großfeuer bei der Kynast AG, einem der bedeutendsten Fahrrad- und Rasenmäherproduzenten Europas, verursachte am Dienstag, den 21. Januar 200... einen Schaden in Millionenhöhe.

Der Brand war am Dienstagabend im Lagerkeller des Unternehmens, das sich im niedersächsischen Quakenbrück befindet, ausgebrochen. Der Feuerwehr gelang es erst nach 15 Stunden, den Brand unter Kontrolle zu bringen. Die Löscharbeiten wurden durch die starke Rauch- und Hitze-
40 entwicklung erheblich erschwert.

Bei den Löscharbeiten wurden mehrere Feuerwehrmänner leicht verletzt. Etwa 30 000 Fahrradreifen sowie Schaumstoffauflagen für Gartenmöbel verbrannten.

Die Bevölkerung wurde durch die Polizei aufgefordert, Fenster und Türen geschlossen zu halten. Ein Polizeisprecher versicherte/erklärte jedoch, dass keine giftigen Gase entstanden seien. Die Anwohner wurden jedoch durch die starke Rußbildung belästigt.

Die Ursache des Brandes ist noch unbekannt.

Banküberfall in Oberhaching

Gestern Vormittag/Am 4. Juli 2001 wurde die Kreissparkasse
in Oberhaching überfallen. Der Täter konnte zunächst mit sei-
ner Beute von ungefähr 10 000 € entkommen, wurde aber
kurze Zeit später von der Polizei gefasst.
Der vermummte Täter hatte gegen 11.30 Uhr das Bankgebäu-
de in der Bahnhofstraße betreten. Mit vorgehaltener Pistole
zwang er den Kassierer, Herrn Weber, das gesamte Bargeld im
Werte von etwa 10 000 € herauszugeben. Widerstand war
zwecklos, da die Schalterhalle der Bank noch nicht mit
schussfesten Scheiben gesichert ist. Nachdem der Täter das
Geld in eine Plastikeinkaufstüte gepackt hatte, flüchtete er
ungehindert mit seinem vor der Bank geparkten VW Golf in
41 Richtung Sauerlach.
Die von dem Bankbeamten sofort alarmierte Polizei traf un-
mittelbar nach dem Überfall am Tatort ein. Dank der Hinwei-
se des 12-jährigen Schülers Karl H., der sich zur Tatzeit zufällig
in der Nähe befand und sich das Kennzeichen des Fluchtautos
gemerkt hatte, konnte die Fahndung sofort aufgenommen
werden. Schon kurze Zeit später konnte der Täter gefasst/
gestellt werden. Der Mann war, als er merkte, dass er von
einem Streifenwagen verfolgt wurde, mit seinem Auto kurz
vor Sauerlach ins Schleudern gekommen und in einen
Straßengraben gefahren. Die Polizei konnte die gesamte Beute
sicherstellen. Dabei stellte sich heraus, dass es sich bei der
Tatwaffe um eine Spielzeugpistole handelte.
Der Schüler, dessen Hinweise zur Ergreifung des Täters geführt
hatten, wurde vom Direktor der Kreissparkasse mit einem
Sparbuch über 500 € belohnt.

Eine (leicht verbesserte) Schülerarbeit hierzu:

Am Donnerstag, den 13. 11. 200... musste die Münchner Berufsfeuerwehr acht Menschen aus einem brennenden Wohnhaus in der Holzstraße retten.
Die Feuerwehr war um 22.11 Uhr von einem Passanten benachrichtigt worden, dass ein Zimmer im 1. Stock des Hauses in der Holzstraße 14 in Flammen stehe. Als die Feuerwehr wenige Minuten später am Brandort eintraf, musste sie feststellen, dass sich der Brand schon weiter ausgebreitet hatte und auch das Treppenhaus erfasst hatte. Einige Bewohner riefen von ihren Fenstern aus verzweifelt um Hilfe, da sie ihre Wohnungen nicht mehr verlassen konnten. Der Einsatzleiter gab sofort „Alarmstufe 4 – Menschenleben in Gefahr" und forderte Verstärkung sowie Polizei und Notarztwagen an.
Von der Straßenseite aus konnten die Feuerwehrmänner mit Drehleitern drei Frauen und zwei Männer in Sicherheit bringen. Die Rettung von drei weiteren Personen, deren
42 Wohnungen auf der Hofseite lagen, gestaltete sich schwieriger. Da die Toreinfahrt zu eng war, konnten keine Drehleitern benützt werden. Mit tragbaren Leitern, die auf ein Garagendach aufgestellt werden mussten, konnten dann auch diese Bewohner geborgen werden.
Mithilfe von insgesamt 55 Feuerwehrleuten, 3 B-Rohren, 4 C-Rohren und Schaumlöschern gelang es nach ungefähr einer halben Stunde, das Feuer unter Kontrolle zu bringen. Durch das rasche Eingreifen der Feuerwehr konnte eine größere Katastrophe verhindert werden. Lediglich ein Hausbewohner musste mit einer Rauchvergiftung und leichten Brandverletzungen ins Krankenhaus rechts der Isar eingeliefert werden. Der Sachschaden beläuft sich nach vorläufigen Schätzungen auf etwa 200 000 €.
Die Brandursache ist noch ungeklärt. Vermutlich hat der Bewohner der Wohnung, in der das Feuer ausgebrochen war, vergessen seinen Tauchsieder rechtzeitig auszuschalten.